基于员工嵌入性视角的组织创造力研究

彭建平 著

本专著是受国家自然科学基金重点项目（71232009）、面上项目（71572196）和中山大学"战略与创业创新团队"资助的重要研究成果

科学出版社

北 京

内 容 简 介

基于经济学与社会网络理论，笔者采用案例研究、问卷调查和员工社会网络构建等方法，围绕企业知识型员工的社会网络嵌入性，对创造力的影响机制进行实证研究。研究发现员工网络形成机制、员工网络结构特征和群体行为对个人创新行为的影响，以及知识型员工网络结构嵌入与关系嵌入对企业创造力的影响，检验了企业 IT 应用水平是促进员工知识分享与组织创造力的关键因素。本书的研究成果丰富，检验了企业员工嵌入性的相关理论。

书中的研究思路和研究方法可供从事社会科学研究领域的学者、高校博士和硕士研究生参考。

图书在版编目（CIP）数据

基于员工嵌入性视角的组织创造力研究 / 彭建平著. —北京：科学出版社，2016.12
　ISBN 978-7-03-051254-3
　Ⅰ.①基⋯　Ⅱ.①彭⋯　Ⅲ.①企业管理–劳动力资源–资源管理–研究　Ⅳ.①F272.90
　中国版本图书馆 CIP 数据核字（2016）第 314111 号

责任编辑：方小丽　李　莉　陶　璇 / 责任校对：钟　洋
责任印制：徐晓晨 / 封面设计：无极书装

科 学 出 版 社 出版
北京东黄城根北街 16 号
邮政编码：100717
http://www.sciencep.com

北京京华虎彩印刷有限公司　印刷
科学出版社发行　各地新华书店经销
*
2016 年 12 月第 一 版　开本：720×1000　B5
2016 年 12 月第一次印刷　印张：9 3/4
字数：200 000
定价：60.00 元
（如有印装质量问题，我社负责调换）

作 者 简 介

　　彭建平博士，中山大学管理学院副教授，博士生导师，中山大学新华学院管理学院执行院长，电子商务专业学术带头人，多个学报匿名审稿人，国家自然科学基金项目通信评审专家，曾经在 *Information Systems Research*、*Decision Support Systems*、*International of Information Management*、*International Journal of Hospitality Management*、《管理工程学报》和《管理评论》等重要学术期刊发表论文近 40 篇；曾是国际信息系统年会亚太分会成员（2004 年）、第 6 届中国社会网络及关系管理学术研讨会组织委员会成员、第 14 届武汉电子商务会议社会网络分会主席、中国信息管理夏季研讨会组织委员会成员（2009~2016 年）；2004~2005 年华盛顿大学访问学者，2016 年 7~8 月普渡大学和印第安纳大学访问学者；主持和参加过多项国家自然科学基金、国家社会科学基金和省部级科学研究项目及众多横向项目。主要研究方向有管理信息系统、商业数据挖掘、研发管理、社会网络与创新行为。

目　　录

第1章 绪 论

1.1 创新群体与创造力

中国经济的迅速增长与企业产品的技术含量形成巨大的反差,为此,有关创造力和创新绩效的研究一直是学术界的热门话题。尽管针对影响企业创造力的前因变量有一些发现和报道,但基于嵌入性理论对创造力进行系统的理论研究还存在众多盲点。例如,什么样的员工网络嵌入特征或结构更有利于组织中员工知识分享和创造力的发挥或研发资源的有效利用?为什么在一些公司的创新实践中,许多有非凡天才和创新激情团队的创造力会腐蚀或消亡,并最终导致他们退出创新舞台(邵云飞等,2009)?员工网络嵌入性对员工创造力与企业创新绩效的影响机制是什么?这些问题既是当今中国企业如何快速从"中国制造"向"中国创造"转型中的热点和难点问题,也是制约中国经济从传统经济向绿色经济转型的重大关键问题。虽然,员工社会网络能够给企业带来竞争优势已成为学者们的共识,但是,企业知识型员工的网络嵌入性如何通过其他关键要素直接或间接地作用于企业创造力和创新绩效?针对这类问题还存在许多研究盲点,其理论有待检验。

传统经济学的研究割裂了经济个体之间固有的社会联系,单纯从经济因素出发分析现实中的经济问题,其结论存在局限(陈艳莹和周娟,2009)。嵌入性理论认为,行动者(actor)的任何行动都不是孤立的,而是相互关联的。他们之间所形成的关系纽带是信息和资源传递的渠道,网络关系结构决定他们的行动机会和结果(林聚任,2009)。然而,对于经济行为如何具体地嵌入、社会关系和社会结构(social structure)如何具体地限制或促成人的行为都没有给出令人满意的回答(吕振丽,2006)。

员工的创造力是一切创新的源泉,是企业创建核心竞争能力的原动力。行动者之间所形成的关系会影响行动者的行为,而行动者的行为也会影响行动者之间的关系。因此,越来越多的学者开始从员工网络嵌入性的视角对研发团队创新能力展开深入的思考与研究（王端旭等，2009），希望发现行动者之间所形成的网络关系作用于企业创造力和创新绩效的机制，为优化企业研发团队的网络结构，推动个人创造力向组织创造力的转化提供理论指导和政策建议。

当今企业的竞争优势不仅取决于它拥有的资源，还取决于企业在各种社会关系网络中的难以被竞争对手模仿的各种资源与能力（Dyer and Singh，1998）。已有的研究已经揭示网络是一种无法模仿的资源，是获取独特资源和能力的一种方式（Gulati et al.，2000）。传统组织管理理论缺少对个体行为转化为组织行为和组织行为转化为个体行为环节的研究，而基于社会网络的嵌入性观点恰恰可以弥补这一缺憾，将组织看做由个体组成的社会网络，将一切经济行为都嵌入社会网络中，社会网络就成为个体与组织之间沟通的桥梁（袁晓婷和陈春花，2009）。社会网络研究方法在揭示社会机制的作用过程和网络节点（node）间的互动关系中显示出独特优势，很适合做创新研究（邵云飞等，2009）。然而，将针对员工的网络嵌入性特征构成的关系数据和员工的个人属性数据放入同一个经济学模型来解释对企业创造力和创新绩效的影响较为少见，其原因在于企业员工的社会网络构建困难，相当多的研究停留在理论层面。完善实证研究是今后的研究重点（陈艳莹和周娟，2009）。

员工社会网络是员工在不同主题下选择交流对象并形成相对稳定的员工关系集合。员工网络中心性、员工 IT（information technology，即信息技术）应用深度及企业 IT 系统的良好交互性对员工知识分享能力有显著影响（彭建平，2011；Peng and Quan，2012）；过去的相关研究都认为高的网络程度中心性可带来利益，但是，如果网络联结多样性过低，高的程度中心性会降低沟通的效率（Burton et al.，2012），影响创新绩效。因此，IT 应用如何推动或调节创新行为，如何提升企业 IT 应用水平（IT application maturity，ITAM）来改善创新环境的关键因素及路径，如何优化和调节员工网络结构以利于员工沟通效率的提升及员工异质性知识的转化，并快速形成企业的创新绩效，这些问题值得我们进行系统的深入研究。

1.2　网络与创造力研究的意义

当今，在许多现代企业中，创新活动不是被推动、协助，而往往是受到阻碍的（Lapierre and Giroux，2003）。既然个体创新活动是组织创新的源泉（Hirst et al.，2009），那么企业管理者的关注点就应该从微观组织创新行为规律出发，对创新行为推动管理机制有所把握（孙锐等，2012）。近年来，国内外涌现出许多针对创新行为的卓有成效的研究成果（Lusch et al.，2007；任胜钢；2010；任宗强等，

2011；彭建平，2012；Sundararajan et al.，2013），但很多基础问题仍需补充完善。其中，员工网络结构嵌入与关系嵌入对创造力的影响便是一个非常重要的问题，原因包括以下几点：①主流文献认同员工网络能为企业带来核心竞争力，但具体什么样的员工网络更利于创新，学者们争议不断（曾德明等，2012）；②企业内部员工网络与创新的关系仍是一个黑箱（任宗强等，2011），通过员工网络的优化来推动创新绩效迫切需要管理机制的创新，而管理机制的创新必须首先揭开这个黑箱；③员工网络结构和关系影响知识分享并进而影响创造力的研究是形成组织创新行为前因后果系统化认知的基础，厘清这个问题对中国企业的创新实践有积极的理论和现实指导意义。

本书的理论意义主要表现在以下三个方面：一是将企业资源理论和嵌入性理论相结合，研究企业研发员工的网络嵌入性与员工的能力资源对创造力和创新绩效的影响机制，以拓展和丰富企业资源理论和嵌入性理论；二是应用经济学理论和社会网络理论构建新的经济学模型，通过理论模型的创建来探讨知识型员工嵌入特征、创造力和创新绩效的关系与内在作用机制，通过制度设计引导企业员工网络结构的改善和优化，促进知识分享，为员工创造力的提升和企业创新绩效的改善提供理论指导；三是如何选择快速提升企业IT应用水平的措施和策略来改善创新环境，需要通过实证发展新的理论来指导企业的创新实践。

本书的实践意义有四个层次：一是从个人层面上分析研发员工社会网络的结构等因素对员工创新绩效的影响机理，从而提炼出企业研发员工最佳创造力情境下的关系网络整体特征，为企业构建适合自身环境下的员工网络结构和关系提供理论支持；二是从企业研发员工网络整体特征对创新绩效的影响研究出发，建立影响企业收益的多变量理论模型，寻找研发员工的整体网络变量在不同控制变量下对企业创造力和创新绩效影响的规律，为高效创新网络的构建提供理论支持；三是通过探讨研发团队员工嵌入特征等变量对企业创造力和创新绩效的影响路径与其作用机制的计量分析，检验嵌入性理论在中国研究背景下的普适性，为中国企业管理实践提供借鉴；四是寻找中国情境下员工个体创造力到集体创造力最佳实践及转换机制，对中国企业创造力形成机制进行挖掘和理论探讨。

1.3 研究内容和方法

本书主要研究以下内容：①知识型员工的网络形成机制；②不同员工网络结构特征与创造力关系研究；③检验员工知识分享中介员工网络结构与个人创造力，以及员工整体网络行为对个人创新行为的影响；④员工整体网络的相互关系研究；

⑤员工整体网络变量与组织行为变量对企业创造力的影响规律,检验企业 IT 应用水平对企业创造力的调节作用;⑥由于 IT 应用水平对创造力具有显著的调节作用,因此,本书对如何提升企业的 IT 应用水平、如何改善创新环境进行了深入讨论。上述研究可弥补传统经济学忽视经济个体之间固有的社会联系导致的研究局限,为揭开企业员工网络与创新黑箱提供理论支持。

员工网络的形成受众多因素的影响,不同企业的组织架构、流程及文化不同,以及员工个人属性不同,其员工社会网络的形成机制也会不同,而网络的形成会给组织的创新环境带来不同的影响。因此,本书通过案例,分析员工整体网络的形成机制,通过影响员工网络形成因素的讨论,帮助企业认识到如何利用员工的非正式网络或情感网络来支持组织的创新网络。

在员工社会网络中,员工所处网络的节点不同,对员工个人行为的影响不同,具有不同网络位置的员工对其行为所带来的影响虽然有一些讨论,但许多结论还需要实证。我们的研究主要从两个层次展开:一是员工的社会网络结构和整体网络特征如何影响员工个人行为与组织行为,检验中介变量如何中介员工网络特征与创新行为;二是企业的 IT 应用水平如何调节组织的创造能力。

基于研究问题,本书采用实证和案例相结合的研究方法对研究问题进行深入讨论。针对知识员工网络的形成机制的讨论,我们以一个典型企业的研发部门为研究案例,构建不同主题的员工整体社会网络,应用 Logit 模型探讨员工网络形成机制;针对员工网络的结构嵌入和关系嵌入对个人行为的影响研究,我们采用问卷调查再构建多个企业知识型员工整体社会网络,然后提取员工网络结构变量、整体网络密度变量、不同网络密度方差变量及行为变量进行回归分析的方法;针对组织行为的研究,我们在文献回顾的基础上,分别应用了线性模型与非线性模型进行因果关系的讨论。

1.4　内容安排

本书总共安排 6 章,第 1 章主要介绍创新群体与创造力、网络与创造力研究的意义及研究内容和方法等;第 2 章基于提出的研究问题对现有文献进行回顾和评论,从文献的研究可突显研究问题的紧迫性和必要性;第 3 章对提出的研究问题进行研究设计,重点介绍本书提出问题的研究思路,包括具体的研究方法和一些基于研究问题的理论推导,特别是针对具体的问题,如何选择和构建具体的研究模型;第 4 章基于研究设计展开实证研究,通过多企业的员工层面数据及企业层面的数据收集,对研究模型进行参数估计,重点解释目前员工网络结构与员工行为的关系，探讨改善员工个人创新能力的措施与策略；第 5 章研究企业员工整体网络特征与创造力的关系，通过组织研发部门整体网络特征对组织创造力的研究，以及知识分享质量中介研发网络与创造力的检验，厘清影响研发部门创造力的前因变量以及企业 IT 采纳后对创新影响的调节机制，同时对企业如何通过 IT 应用水平的提升来改善创新环境进行了深入的探讨，通过上述讨论，为企业提升整体团队的创造力提供理论和实践支持；第 6 章基于上述讨论的总结以及本书存在的局限，提出未来的研究方向。具体每个章节的内容安排如下。

第 1 章为本书问题的提出，包括创新群体与创造力、网络与创造力研究的意义及研究内容和方法等。

第 2 章主要进行文献回顾，包括社会网络的主要理论和传统经济学研究的不足之处，以及对影响个人及组织创新因素的讨论，通过理论文献回顾，发现现有研究的盲点，思考如何把社会网络理论与经济学理论结合来解释组织和个人的创新行为以及组织内员工网络的形成机制。

第 3 章为基于问题的研究设计，主要从两个视角对组织及个人的创新行为进行研究设计，由于个人创新行为的集合会形成组织的创新行为，所以本章针对以下几个问题分别进行了研究设计：首先，员工的社会网络形成具有一定的随机性，但是企业中研发员工的社会网络是如何形成的？员工与员工的网络连接与员工哪种个人属性或行为有关？通过寻找员工社会网络形成的因素，可以在一定程度解释员工为什么会形成不同的网络。其次，研发部门员工个人行为是否会受到群体行为的影响，基于前人的研究，进行模型推导为实证提供理论支持。再次，组织中员工网络间的关系研究。现实中，员工的社会网络是不同主题下员工真实网络的集合，因此，员工不同主题的网络必然存在一定的相互支持，如情感类网对工作咨询类网的支持。最后，员工整体网络特征与组织的创新行为研究，以及 IT 应用水平对创新的调节作用研究。

第 4 章为研发部门员工的创新行为研究。基于研究设计，我们以企业部门为边界，采集个人层面的研究数据，通过软件构建不同的员工社会网络，并提炼出员工网络的结构特征和员工的关系特征以及个人所处的整体网络特征数据，通过构建员工的社会网络结构、关系特征、员工整体网络密度，以及员工个人的属性和行为特征的逻辑关系，借助合理的研究模型解释现实，为我们推动组织内员工个人创造力的提升提供理论支持。

第 5 章为企业 IT 应用水平的提升及研发部门创新能力研究。员工整体网络特征如何通过知识分享来实现组织内知识的重构或知识的互补推动组织的创新行为需要实证来挖掘它们的因果关系，通过对现实的解释，我们可以通过制度的创新设计来推动企业的创新绩效。我们对知识型员工整体网络特征变量和行为变量进行了问卷调查，应用回归模型解释员工的整体网络特征及员工关系如何影响企业的创造力。同时，针对信息时代企业 IT 采纳对改善组织的创新环境具有重要影响，我们还对影响企业的关键因素进行了深入讨论，对企业 IT 应用水平的关键因素进行了深入讨论，提出推动企业 IT 应用水平提升的措施和政策建议，以促进企业创新环境的改善。

第6章对本书进行提炼，总结本书的主要创新和主要观点，以及局限与不足，提出未来如何通过进一步的深化研究，帮助企业把个人创新行为转化为组织的创新实践。

第 2 章　文　献　综　述

2.1　社会网络理论研究

传统经济学研究忽视了经济个体之间固有的社会联系，导致研究存在诸多盲点。把社会网络理论引入管理经济学问题研究中，可以更好地解释经济个体属性和关系属性对组织行为的影响机制，因此，该项研究成为近几年的研究热点。无论是传统经济学还是社会学，都将个体从社会情境中抽离，忽视社会行动者间的联系，使研究结论往往很难揭示真实的社会现象。随着社会学重建任务的完成和小世界（small world）网络的发现，以及学者对关系社会的研究，社会网络理论逐渐成为一门跨学科的重要研究工具。

社会网络分析方法的产生和发展是知识积累的过程（邵云飞等，2009）。一方面，它得益于人类学、心理学、图论、概率论等学科的发展，提出了许多网络结构术语，并形成了一套数学分析方法。另一方面，怀特、博特、格兰诺维特等学者在各自的研究中提出了许多网络分析的应用理论，这些应用理论使社会网络分析逐渐成熟（Borgatti and Foster，2003）。社会网络是一个由主体获取信息、资源、社会支持并且识别与利用机会所组成的结构，它是一系列基于不同主题的社会关系网络的集合，每个网络都由联结行动者或节点所组成，其中相对稳定的关系模式构成了社会结构。社会网络理论研究行动者之间的关系模式和结构，描述嵌入在网络中的行动者的行为并刻画他们所处网络的整体特征，以此为分析框架来解释有关这些行动者的社会经济问题。

2000 年以来，在 Cross 和 Cummings（2004）的倡导和影响下，知识管理领域引入了社会网络理论和社会网络分析方法。肖鸿（1999）在其综述中提到，目前对网络的研究主要分为两类：一是研究整体网络，即一个单位中角色关系的综合结构（Wellman and Berkowitz，1988），这个群体的研究领域是小群体内部的关系，他们在分析人际互动和交换模式时，产生了一系列网络分析概念，如紧密性、中距性和中心性等（Freeman，1979）；二是研究自我中心网络，即从个体角度来界定社会网络，关系问题也是个体行为如何受其人际网络的影响，个体如何通过人际网络结合为社会团体（Coleman，1989）。

随着理论的不断延伸和发展，社会网络理论逐渐发展为三大经典核心理论，包括 Granovetter 有关关系强度（strength）的嵌入性理论、林南等社会资本理论以及 Burt 等的结构洞理论。此外，社会网络理论发展与小世界网络的研究分不开，而且小世界网络研究如今在各个领域的蔓延，使社会科学和管理学都获得了丰硕成果，并与随之兴起的复杂网络研究相结合，学者们在知识传播网络、供应网络、产业集群、在线媒体网络等议题上都建立了新的研究范式。因此，笔者综合回顾这三大经典社会网络和小世界网络的相关理论研究，具体内容参见表 2-1。

表 2-1　社会网络相关理论

理论名称	理论提出者	理论主要观点
嵌入性理论	Granovetter（1973），Zukin 和 DiMaggio（1990）	个体嵌入在社会情境当中，其行为、态度、选择都会受到这些由于嵌入而带来的特征因素的影响。Granovetter（1973）认为嵌入性可以分为关系嵌入和结构嵌入两方面 Zukin 和 DiMaggio（1990）提出嵌入性可分为结构嵌入性、认知嵌入性、文化嵌入性和政治嵌入性四种类型
社会资本理论	林南（2001），Coleman（1989）	林南（2001）具体定义社会资本为一种镶嵌于社会网络的资源，成员可以通过行动取得或使用 Coleman（1989）认为社会资本是指个人所拥有的、表现为社会结构资源的资本财产 个人由于在网络中处于某种位置，因此，可以拥有一些与该位置相关的资源，如权利、财富等 一个人（群体）如果拥有使其他人缺乏的资源，交换活动就会产生
结构洞理论	Burt（1992），Granovetter（1973）	Burt（1992）用结构洞来表示非冗余的联系，认为非冗余的联系人被结构洞所连接，一个结构洞是两个行动者之间的非冗余的联系 行动者如果处于结构洞的位置上，那么其就占据了资源交换的良好位置，因而拥有的资源较其他行动者多，这就是"洞效果"
小世界网络	Travers 和 Milgram（1969），Watts（1999）	Travers 和 Milgram（1969）通过小群体实验，得到一个著名论断，即世界上任何人之间都通过大约 6 步就可以建立联系，因此，整个世界是小世界 Watts（1999）继续 Travers 和 Milgram（1969）的研究，他明确指出总体上的重大变化可能来自局部显著的网络变动 总的来说，小世界网络主要刻画了社会网络互动所带来的信息传播的便捷性和高效性

社会网络理论对创新具有积极的指导作用，其中，陈子凤和官建成（2009）

认为，小世界网络被广泛认为可以激发创造力并提高整体绩效，他们通过构建 9 个创新型国家和地区的研发合作网络，分析它们的小世界特征，使用负二项式回归模型分析了小世界性对整体创新产出的影响。实证结果显示，较短的平均路径长度和较强的小世界性，会促使更多的创新产出。

社会网络分析的关键在于把复杂多样的关系形态表征为一定的网络构型，然后基于这些构型及其变动，阐述其对个体行动和社会结构的意义（罗家德，2010），因此，社会网络分析的目的是从结构和功能交互作用入手，揭示网络结构对群体和个体功能的影响。这些研究包含了怀特的"机会链"理论、"嵌入性"理论、"社会资本"理论等，米切尔、格兰诺维特、博特等的研究也直接促进了社会网络分析方法的成熟（邵云飞等，2009）。

2.2　嵌入性与创造力

2.2.1　嵌入性与创新

自从 Polanyi（1944）提出"嵌入性"概念以来，Granovetter（1985）、Uzzi（1996，1997）、Whiteman 和 Cooper（2000）、Lee 等（2004）、Hagedoorn（2006）诸多学者对嵌入性理论进行了发展。当前"嵌入性"概念深受学者们的关注，许多学者在经济社会学、网络经济学、组织与战略、社会资本、网络与组织、市场渠道、创业、组织适应等领域对嵌入性进行了理论与实证研究（吴晓波和刘雪锋，2007；刘雪锋，2009；Kim and Park，2009；Choi et al.，2010）。

Granovetter（1985）指出，我们研究的组织及其行为受到社会关系的制约，把它们作为独立的个体进行分析是一个严重的误解，并提出了从关系嵌入与结构性嵌入对组织或个人行为进行研究的框架。基于这个研究框架，学者们进行了大量研究。一些学者认为，紧密的联系是竞争对手难以模仿的异质性资源，从而更能促进绩效的提高（Dyer and singh，1998；Dyer and Nobeoka，2000）。另外一些学者认为，弱联结更有助于企业获取竞争优势（Granovetter，1973，1985）。Uzzi（1997）和 Granovetter（1973）发现企业在网络中的位置对企业的行为和绩效的影响。Burt（1992）提出的"结构洞"观点日益受到学界的关注。Rowley 等（2000）认为，应该综合考虑关系嵌入性与结构嵌入性的交互作用给企业绩效带来的影响。

网络能够给企业带来竞争优势已成为学者们的共识，但针对怎样的网络结构才更有助于企业绩效提升这一问题，学者们得到的答案不同。Granovetter（1973，1985，1992）认为，能够充当信息桥的弱联结对企业更有帮助。Burt（1992）则认为关系的强弱与网络资源的多少并无必然联系，结构洞才起关键作用。也有很多学者认为，企业间联结关系越强，信息的交换就越频繁，学到的知识、获取的资源也越多（Uzzi，1996；Hansen，1999；吴晓波和韦影，2005；吴晓波和刘雪锋，2007）。另外，还有学者认为处于中间状态的联结关系才是最优的（Uzzi，1997）。而边燕杰和张文宏（2001）对弱联结优势理论提出了质疑，他们认为强联结在中国经济个体的求职中扮演着非常重要的角色，更符合强联结理论。

企业间的网络逐渐被视为一种可以通过管理行动塑造的战略资源（Huggins，2010）。近几年来，国外嵌入理论的研究者把相当多的注意力放在研究社会结构和网络对经济绩效的影响上，发现以社会网络形式存在的社会结构影响经济绩效（李怀斌，2009）。把社会网络资本定义为一种可计算关系的投资，通过它企业可获得知识和经济回报（Huggins，2010），而这些都可以归结为经济的社会嵌入（Granovetter，2005）。许多学者一直试图找到网络发挥作用并影响绩效的机制。例如，Coleman（1989）认为企业网络密度高说明网络中社会资本存量大，由此能给企业绩效带来正向影响；Dyer 和 Singh（1998）认为企业可以通过嵌入所在网络，创造关系性资产（asset），共同学习与知识交流，彼此能力互补，并通过优化的网络结构降低交易成本，从而获取竞争优势；Zaheer 和 Bell（2005）发现一个相对高级的网络结构能够使企业更好地用其内部能力来提升企业绩效。而不同的员工嵌入在企业网络中，企业可以获取各种资源与能力，而这些资源与能力的获取对企业竞争优势及绩效有重要影响（Rowley et al.，2000；吴晓波和刘雪锋，2007）。

经济行为不可能纯粹是经济的，而总是涉及非经济因素，这才是创新的源泉（格兰诺维特，2002）。近几年来，研究者把相当多的注意力放在研究社会结构和网络对经济绩效的影响上，发现以社会网络形式存在的社会结构影响经济绩效（李怀斌，2009）。许多学者一直试图找到社会网络发挥作用并影响绩效的机制，但研究结论一直存在争议。例如，Granovetter（1973，1985，1992）认为能够充当信息桥的弱联结对企业更有帮助；Burt（1992）则认为关系的强弱与网络资源的多少并无必然联系，结构洞才起关键作用。另外，还有学者认为处于中间状态的联结关系才是最优的（Uzzi，1997）。

社会网络的传导、扩散、聚集能力等基本属性决定了组织的运作能力（李久鑫和郑绍濂，2002）。陈子凤和官建成（2009）通过构建专利发明者之间的网络，发现较短的平均路径长度和较强的小世界性，会促使更多的创新产出；柯江林等（2007）通过案例和实证检验了团队社会网络密度对企业绩效有正向影响；任胜钢（2010）发现企业的嵌入结构特征对突破式创新和渐近式创新具有不同的显著影响。

众多研究也表明，创新确实能够为企业带来许多益处，创新是企业构建和维持竞争优势的重要手段（Wang et al.，2010），影响企业创新绩效的因素可以分为4个层面，即环境因素、结构因素、组织因素和个体因素（黄攸立，2010）。曾楠等（2011）通过建立理论模型和实证研究，发现企业内部研发能力、非技术性冗余资源以及不同的外部网络联系之间的交互作用，对创新绩效会产生显著的正向影响。把社会网络与传统计量经济学方法和案例研究相结合研究企业创新问题，分析网络结构特征对其组织问题的影响，可以把个体因素与组织因素结合起来更深地揭示影响企业创新绩效的本质（邵云飞等，2009）。

中国目前已有一些学者从不同的视角应用社会网络分析方法对企业创新问题进行了讨论，获得了许多有意义的结论（蒋天颖和王俊江，2009；唐丽艳等，2009；张方华，2010；简兆权等，2010；彭建平，2011）。其中，蒋天颖和王俊江（2009）实证发现人力资本对创新绩效存在直接影响，而结构资本、关系资本对企业创新绩效存在间接影响，并通过组织学习而实现；张方华（2010）通过实证发现，企业通过对组织网络的关系嵌入和结构嵌入可以获取外部知识，从而对企业的创新绩效存在显著的推动作用；彭建平（2011）以两个企业为研究案例，通过调研问卷并构建员工整体网络，发现在员工社会网络中，员工所处的网络位置对员工绩效存在显著影响，国有企业与外资企业的员工网络结构特征对员工关系绩效（contextual performance）的影响存在差异，中外企业研发员工社会网络的整体结构特征存在差异。

员工网络为几个行为者之间的连接或关系的集合（Meyer，1994），他们之间所形成的关系纽带是信息和资源传递的渠道，网络关系结构决定他们的行动机会和结果（林聚任，2009）。社会网络研究方法在揭示社会机制的作用过程和网络节点间的互动关系中显示出独特优势，很适合做创新研究（邵云飞等，2009）。然而，大规模的企业员工社会网络构建相当困难，许多研究停留在理论层面，完善实证研究是今后研究的重点（陈艳莹和周娟，2009）。

2.2.2　嵌入性与知识分享

1. 知识分享的定义

知识是组织的重要资源（Drucker，1993），也是提供产品、服务高附加价值的优势来源。企业需不断改善或创新知识，才能建立持久的竞争力。由于认知的差异，不同学者对知识分享的定义有不同的理解。笔者将其中重要的定义进行了整理，具体内容如表 2-2 所示。

表 2-2　知识分享的定义

提出学者	定义
Nonaka 和 Takeuchi（1996）	组织知识的创造来自组织人员相互分享的内隐知识；组织管理者可以通过信任的网络建立，来鼓励不同背景、价值观和动机的员工共同分享情绪、感觉和思维模式，从而将知识分享给他人
美国质量与生产效率中心	知识分享行为是把正确的知识在适当的时间传授给适当的人的一种战略，并且可以帮助其掌握知识，然后学习者根据新掌握的知识以实际行动来改善组织绩效
van den Hooff 和 de Ridder（2004）	知识分享行为是个体相互交换自己的外显和内隐知识，并且共同创造新知识的过程
林南（2005）	知识分享定义为员工将自身所拥有的内隐或外显知识，透过书面、语言或示范等方式与他人分享，并使其他同事不仅能够知晓，还能重复使用的过程
Senge（1997）	知识分享是指协助他人发展有效行动的能力，知识分享并不只是一方给予他某些东西，或由他方身上获得什么。真正的知识分享表现在一方真正愿意帮助他人去发展新的行动能力

从知识的形态来说，许多学者对知识进行了分类，虽然目前对知识的分类尚存分歧，但学者们就部分观点已达成共识。通常认为知识可以分为外显知识与内隐知识两种类型（Polanyi，1958；Nonaka and Takeuchi，1996）。外显知识可以用文字和数字进行表达，内隐知识则表现出高度的个人化并且难以形式化，不易与他人进行交流或分享，因此，知识分享包括对外的显性与内隐知识的分享（徐二明等，2006）。

对知识分享的定义众说纷纭，但大部分学者重视分享行为中的内容特性，学者们都着重强调知识分享的过程中完整知识的转移，以及知识分享的结果导向，它们是提高组织绩效或帮助个人发展自身能力的重要因素。综上所述，我们认为知识分享具有下列特征：①从知识分享的过程来看，知识分享是帮助别人发展新的行动能力；②知识分享发生在社会网络交流互动的环境中。我们认为知识分享是一个特定环境下有选择的人际互动过程（Cross and Cummings，2004），是组织成员通过恰当的方式有选择地将知识（内隐知识和外显知识）传递给组织中其他个体的行为，能够将知识还原或使知识以新的形式再现。

2. 影响个人知识分享的因素

知识分享的影响因素主要来源于知识本身的特征、知识分享的人和知识分享的氛围。笔者从上述三个方面对知识分享文献进行回顾。

1）知识的特征

知识的特征是影响知识分享的重要因素。在这里笔者将其主要影响因素分为以下三类，即嵌入性、内隐性和复杂性。其具体特征参见表 2-3。

表 2-3 知识的特征

知识的特征	知识特征的定义	相关学者的研究结论
嵌入性	知识的嵌入性是指知识处于特定的情境和系统之中；知识通常嵌入在个体、工具（产品）和惯例中	嵌入个体的知识，无论是内隐的还是明确的，对于作为知识源的个体来说都能够比较容易地实现分享（Allen, 1977; Berry 和 Broadbent, 1987; Starbuck, 1992） Galbraith（1990）以及 Zander 和 Kogut（1995）发现，嵌入产品或技术中的知识比嵌入其他组织要素的知识更容易被分享 Cummings 和 Teng（2003）认为，被转移知识的嵌入性影响知识转移的难度，知识的嵌入度越深，知识转移难度越大
内隐性	知识的内隐性是指经过亲身实践学习而来的隐含的、未经整理的技能累积	Polanyi（1966）认为个人知道的知识比他们能够表述的要多，因为个人拥有非语言表达的、直观的和未阐明的隐性知识 Bresman 等（1999）也认为，知识转移的成功与否受其内隐性的影响，或知识转移在多大程度上能够被语言、书面或以其他方式的表达所影响 Cummings 和 Teng（2003）通过实证研究认为，知识的可表达性越差，知识分享就越难
复杂性	复杂性是指特定知识需要一群独立的技术、规则、专家、资源的整合，所以具备高度的模糊性，不易被了解和模仿	马亚男（2003）认为，复杂的知识具有编码化程度低、系统嵌套性等特点，且对背景知识和其他相关知识的依赖性较高，因而，知识的复杂性越高越难进行知识共享 彭正龙和陶然（2008）也指出，知识的复杂程度越高，内部知识转移成功率越低

2）知识分享的人

知识分享的主体包括进行知识分享的人和接收知识分享的人。有学者把知识分享的成功因素归类为同事间的学习意图或动机、知识发送方分享知识的能力、知识接收方接收知识的能力。将知识与他人分享，原知识拥有者的知识优势将受到挑战，甚至其职业也可能受到威胁。因此，知识分享只有在知识拥有者愿意承担这些风险的情况下才会发生，而这种承担风险的意愿，即为对他人流露出的信任态度（郑仁伟和黎士群，2001）。Szulanski（1996）的研究显示，知识分享者的动机、知识接收者的动机和吸收能力影响知识分享的活动。有关文献回顾参见表 2-4。

表 2-4　影响知识分享的因素

影响知识分享人的因素	相关研究结论
知识分享者的心理动机	Zander 和 Kogut（1995）的研究表明，信任可以降低知识分享的成本 Levin 和 Cross（2004）经过研究认为，信任可以促进知识的有效转移 内在激励可以促进隐性知识的转移，而外在激励却不能有效促进隐性知识的转移，甚至有时还会对内在激励的效果产生挤出效应，抵制隐性知识的转移（Osterloh and Frey，2000） 在有适当的激励因素存在的情况下，知识分享更为有效（郭强和施琴芬，2004）
知识分享者的个体特征	Szulanski（2000）认为，在知识共享的初始阶段，知识源的可靠性是影响知识转移效率的重要因素 有研究表明，良好的沟通能力能够增强个体从事知识分享活动的能力（Berman and Hellweg，1989） 知识源的群体地位也影响着知识共享。如果知识源是团队或组织中的核心成员，或者权威专家，则他拥有的知识得到共享的可能性就大，共享效果也较好。如果知识源是团队或组织的领导，那么他转移的知识也会被团队或组织的成员认真学习和消化，形成团队或组织的知识共享
知识接收者的个体特征	Simonin（1999）指出知识接收者的经验会影响知识的转移与接收 Leonard 和 Straus（1997）的研究表明，良好的沟通、解码能力能够增强个体知识接受的能力 Jensen 和 Meckling（1996）的研究表明，知识共享涉及存储和处理能力的应用以及人脑的输入输出环节，衡量知识接收者对信息的理解程度的一个标准是将知识转为行动

3）知识分享的氛围

　　徐二明等（2006）认为，成员进行知识分享的障碍之一是分享双方之间的不信任。Senge（1997）指出，为达到知识的分享，人们需要相互信任。信任对知识分享行为具有正向的影响关系（郑仁伟和黎士群，2001）。信任的产生有三个重要特点：①对他人的信任表现为一种希望对方会仁慈地对待自己的预期或信念；②信任的一方不能控制或强迫另一方去履行这种预期，信任是一种"脆弱"的心甘情愿，并可能要遭受对方不"履约"的风险；③信任在很大程度上依赖对方，因为个人的结局会受到对方行动的影响（Whitener et al.，1998）。社会交换理论也表明，只有当组织成员之间以信任为基础，预期到知识分享的行为能够带来某种形式的回报时，知识分享才能实际发生。

　　3. 员工网络与知识分享

　　知识分享离不开社会网络，社会网络为知识分享活动提供了一个情境。知识分享的情境是指知识分享的主体和知识接收者人际交流所处的环境。这个环境受到个体关系特征、组织关系特征和组织情境特征的影响。Cowan 和 Jonard（2004）通过研究发现，不同的网络结构对网络中的创新扩散、知识扩散以及知识增长有明显的影响。李金华和孙东川（2006）认为创新网络的随机化程度越大，网络中知识流动的速度越快，知识的分布越均匀。然而，要完整揭示知识分享和社会网络两者之间的关系，我们必须对嵌入在社会网络中的个体关系特征、组织关系特征和组织情境特征进行了解，分析他们对知识分享活动的影响作用。因此，笔者对这三者的相关文献进行了总结。

1）个体关系特征

个体关系特征包括关系质量和共同理解。关系质量是指知识分享的主体与知识的接收者之间的关系程度。共同理解是人际交流双方在工作价值、规则、问题解决方法以及工作经历方面的相似程度（Nelson and Cooprider，1996）。其相关文献回顾如表 2-5 所示。

表 2-5 个体关系特征

个体关系特征	主要研究结论
关系质量	亲近的关系积极地影响知识转移，而疏远的关系消极地影响知识转移（Baum and Ingram，1998） Seers（1989）指出，成员所获得的知识分享效果是该成员与团队中其他成员相互作用的结果，成员间的动力交互作用由成员接触频率、成员间人际关系以及团队的整体聚合力组成 Constant 等（1994）在信息分享理论中，整合了影响知识分享意愿的组织因素、个体因素和技术因素，并提出联系频率越高，越能够带来高的知识分享意愿的观点
共同理解	知识源与接受者的工作价值观越接近，沟通起来越容易，进行知识分享的效果也就越好 双方解决问题的方法越接近，越容易达成共识，从而加深互相理解，带来更好的知识分享效果 双方的工作经历越相似，那么他们对工作的感悟以及知识积累就会越相似，知识分享就越成功

2）组织关系特征

组织关系特征主要包括知识距离和文化距离两大方面，为了方便大家理解，笔者将有关组织关系特征方面的每个维度的定义和相关学者的主要研究结论进行归纳，见表 2-6。

表 2-6 组织关系特征

组织关系特征分类	组织关系特征定义	主要研究结论
知识距离	知识距离是指知识提供者与知识接收者拥有知识的相似程度，即不同的个体或者团队、组织在知识结构与知识水平上的差异	知识共享与知识距离在一定条件和范围内呈线性关系：知识距离越大，知识共享的难度也越大；知识距离越小，知识共享的难度也越小。也就是说，知识共享的难易程度受知识距离大小的影响（Grant，1996）

续表

组织关系特征分类	组织关系特征定义	主要研究结论
文化距离	在组织内部，文化距离是指组织成员之间具有相同价值观的程度	Simonin（1999）指出，组织差异程度、文化距离、知识传送者保守心态、知识接受者经验及信息技术运用程度等因素，会影响知识的转移与接收 胡婉丽和汤书昆（2004）认为，文化差异、知识的性质影响知识共享的成功 徐占忱和何明升（2005）认为，知识接受者的文化背景、认知结构和技术领域决定了他们对知识的搜寻倾向、选择方案以及学习强度，接受者的知识与知识源越接近，知识转移就越顺利

3）组织情境特征

要使知识分享的过程变得通畅和成功，离不开组织氛围形成的环境，这些环境因素主要包括组织结构和组织文化两大方面。这些因素的相关定义和主要研究结论如表 2-7 所示。

表 2-7　组织情境特征

组织情境特征分类	组织情境特征定义	主要研究结论
组织结构	组织结构是表明组织各部分排列顺序、空间位置、聚散状态、联系方式以及各要素之间相互关系的一种模式，是整个管理系统的框架	组织结构影响着组织内部的知识分享 许多组织采用传统的层级管理结构，导致知识自上而下流动，而不能双向流动形成反馈
组织文化	组织文化是由组织成员的意志、特性、习惯和科学文化水平等因素相互作用产生的，它是指一个组织在其长期成长、生存和发展中形成的、为组织多数成员共同认同与遵循的价值观念和行为规范	Ruggles（1998）发现知识传递和知识共享的最大障碍来自于组织文化

组织文化是根植于组织之内的特定的价值观和基本信念，这种价值观和信念为组织提供行为准则，并指导组织的一切活动和行为（曹科岩和龙君伟，2009）。它在很大程度上决定了组织成员的行为方式，并通过影响员工的行为和心智模式进而影响组织运作，强势文化的作用尤为明显。Davenport 和 Prusak（1998）指出，企业若要成功地掌握与转换知识，除了与技术特质有关外，组织文化则是知识能否成功分享、移转的决定因素。de Long 和 Fahey（2002）认为组织文化已成为不同层面的知识间发生关系的媒介，它创造了一个社会性的相互作用，即最终决定组织如何有效地创造、分享和应用知识的环境。Wolfgang 在 2001 年进行的关于"知识管理未来"的全球首次德尔菲调查报告中显示，企业内影响知识分享的所有因素中，排在首位的就是企业文化。

员工的互动强度、网络密度与知识等资源的交换机会紧密相关。Tsai 和 Ghoshal（1998）认为，在大型集团公司内部，事业部之间的社会互动抹掉了组织边界，从而使事业部之间有更多的资源交换机会。在个体层面上，强联系相对弱联系更有利于主体间分享精细化的和深层次的知识（Kang et al., 2003），原因在于高频率的社会互动为主体提供了更多的认识和接触独有知识的机会。另外，广泛的网络接触增加了团队成员对各自技能与知识的了解，有助于个体在需求知识时快速地找到相关专家（柯江林等，2007）。

2.2.3 员工创造力研究

1. 创造力构成研究

员工创造力一直是多个学科领域长期关注和广泛研究的主题。我们回顾一下有关创造力的三大经典理论，以帮助我们寻找或构建测量模型。

1）创造力的成分模型

Amabile 等（1996）首次提出了员工创造力的组成理论模型。她认为创造力是由相关领域的技能成分、与创造力相关的技能成分以及工作激励成分这三部分组成。具体内容如表 2-8 所示。

表 2-8 创造力组成成分模型

创造力组成成分名称	定义
相关领域的技能成分	指在某一领域内的实际知识和技能，这些知识和技能受到正式或非正式的教育、个人知觉、认知以及移动性能力的影响
与创造力相关的技能成分	指与创造性思想的产生而相关的认知风格和工作风格，表现为显性或隐性的知识
工作激励成分	包括员工个人对工作的态度以及他们对工作中自己激励状况的感知

2）创造力的交互作用模型

创造力交互作用模型提出个人创造力不仅仅受到个人特征的影响，还受到情境因素的影响，两者交互作用，从而促进或抑制创造力的产生（Woodman et al., 1993）。该模型认为，组织中的创造性绩效是由个人、群体和组织特征的创造性绩效集合而成的总量，三者之间不断交互作用，从而影响员工的个人创造力。

在个性特征方面，认知能力、个人风格、个性、内在激励机制和知识对知识分享具有关键作用。在组织内部团队的特征方面，学者们大部分都强调了组织准则、组织内部群体的一致性、组织内部团队的多样性、组织或组织内部团队所扮演的角色以及组织问题解决方法等特征。在组织整体层面的特征方面，学者们却强调组织文化、组织资源、组织回报、组织战略、组织结构以及组织技术对个人创造力的影响作用。Woodman 等（1993）指出个人的创造力体现在个人层次、组织内部团队层次以及组织整体层次。创造性的过程和组织环境会影响具有创造力的个人、组织内部团队以及组织，这些过程和环境或促进或阻碍个人创造力的发展。而在有利于促进创造力发展的组织环境中，个人、团队和组织更容易产生创新性的产品或结果。

3）创造力投资理论模型

创造力主要来源于个体的六种资源，这六种资源主要是知识、智力过程、思维方式、动机、人格特征、组织环境，个人要通过方法将这些资源都结合在一起才能发展其个人的创造力（Sternberg，1998）。

知识是指个人本身已经具有的知识结构。个人的智力过程包括信息的输入、转译、加工、输出过程。思维方式是指个人在思考活动过程中所体现的个人风格或方案倾向性。动机是指源自于个人内外部激励或推动个人去完成某事的动力。人格特征是指个人对开创性方案的接受程度和对一些还没那么确定的方案的容忍程度。组织环境是指个体人际交流活动发生的情境因素。

2. 影响创造力的关键因素研究

20 世纪 90 年代以来的研究发现，影响员工创造力的因素主要分为个体特征和组织情境因素。最近理论的发展是将个体特征和组织特征因素两者结合，探讨个体与情境交互作用对员工创造力的影响研究越来越占主导地位（Hirst et al.，2009；George and Zhou，2001）。

1）个体特征因素

学者们主要探究了人格特征（Rego et al.，2009；Oldham and Cummings，1996；George and Zhou，2001）、认知风格（Amabile，1996；Tierney et al.，1999）、个人知识（Amabile，1996）和内在动机（Amabile and Hennessey，1988）等对员工创造力的影响。其主要研究结论如表 2-9 所示。

表 2-9　个体特征因素对创造力的影响

个体特征	定义	相关研究结论
人格特征	人格特征是指个体相当稳定的一系列核心人格特点，它的高低差异展现出个体的创造性差异	人格特征对员工创造力的影响主要有两种模式：一种是基于由 Gough（1979）开发并验证的创造性人格量表（creative personality scale，CPS），另一种是基于人格的五因素模型，包括尽责性、开放性、外向性、神经质和宜人性

续表

个体特征	定义	相关研究结论
认知风格	个体认知风格是指个体对事情的特定认知模式	Amabile（1996）、Woodman 等（1993）均指出，个体的认知风格对其创造力有直接影响 Kirton（1976，1994）理论指出，个体对创造性问题的解决方式有一种天生的导向或偏好，认知风格是一种连续体，创新者更愿意冒着违反既定方法的风险去寻求与以往有着本质差别的新的解决方案 Tierney 等（1999）的研究结果表明，员工的认知风格与创造力正相关，员工的认知风格和领导-成员交互关系的交互作用与员工创造力呈 U 型关系
内在动机	内在动机是指推动某人去完成某事的动力	Simon（1967）指出，动机最重要的作用在于对注意力的控制，达到一个目标的动机越强，分散到与此目标无关的环境方面的注意力就越少 Tierney 等（1999）研究并证实了员工对任务的内在动机与员工创造力正相关 Shin 和 Zhou（2003）验证了内在动机对变革性领导行为与下属的创造力之间的正向关系具有部分中介作用 Amabile（1996）发现，控制性外在动机会削弱创造力，而信息外在动机有益于创造力，尤其是内在动机较高时会如此
知识和经验	知识和经验就是个人通过人身历练所形成的固有的知识体系和知识结构	Amabile 和 Hennessey（1988）研究指出，领域相关技能和创造性相关技能对创造性的产生有重要作用 Stein（1989）探索了记忆与创造性的关系。研究结果表明，先前的经验和知识对创造力有双重影响
自我效能和角色认识	自我效能是指个体对自身完成特定任务能力的信任程度；角色认识是个体对所扮演角色的认同程度	Redmond 等（1993）的研究表明，个人的自我效能和创造力正相关 Tierney 和 Farmer（2002）发展了新的创造性自我效能的概念，它是指员工对自身有能力生产创造性成果的信任程度 Farmer 等（2003）研究了创造性角色认同与员工创造力的关系，其研究结果表明，感知到的同事创造性预期、创造性行为的自我看法、受美国文化影响的程度三个因素可以预测创造性角色认同，而当员工有强烈的创造性角色认同和感知到组织重视创造性工作时，员工的创造力最强

特定领域的知识反映了个体的教育、培训、经验及专门领域知识的层次，而一个较新的研究领域是员工对自身是否具有创造力的看法会影响员工实际创造力的发挥。员工对自己的创造力与员工实际创造力的研究途径主要有自我效能和创造性角色认同，人们发现工作任期、创造性自我效能、管理者的行为及工作的复杂性与创造力正相关。最近研究也发现，员工学习导向和变革性领导风格会通过员工自我创新效能对员工创造力产生影响（Gong et al.，2009）。另一个研究途径是创造性角色认同与员工创造力的关系。而创造性角色认同是指个体是否认同自己是一个创造性的人。

2）组织情境因素

组织情境视角关注与员工创造力相关的组织或团队工作环境，如组织对创新的激励、资源支援、工作设计（Amabile and Hennessey，1988；Eisenberger and Armeli，1997；Amabile et al.，1996；Axtell et al.，2000）、文化、资源、结构与战略（Woodman et al., 1993）等因素。组织情境理论视角认为，组织情境的心理内涵影响员工的创造行为（Amabile, 1996; Woodman et al., 1993）。除了个体特征以外，员工的工作场所、管理者与同事如何对待员工和要求员工完成什么任务都是影响员工创造力的重要因素。Oldham 和 Cummings（1996）强调了在创造力行为中个体和工作环境的交互作用。当情境支援员工在新奇事物上的努力，员工就更加具有创造力，因为工作情景为他们提供了复杂性、刺激性和充足的支援。

相关研究发现，典型的情景因素主要包括工作特征、目标与期望、报酬、评估与期望、领导行为与同事支援等，下面对这些特征进行说明（表 2-10）。

表 2-10　组织情境因素对创造力的影响

因素名称	相关结论
工作特征	当工作具有高水准的自主性、回馈性、重要性、同一性和多样性的时候，员工更愿意集中注意力努力工作，具有更高的坚持性和冒险性，愿意考虑更多的选择，更易于产生创造力；相反，当工作过于简单和按部就班时，会抑制创造力的潜力（Oldham and Cummings, 1996; Tierney and Farmer, 2002） Shalley 等（2000）的研究验证了创造力与工作环境特征的关系，发现员工的创造力与工作的自主性、复杂性、工作要求正相关
目标与期望	Hirst 等（2009）学者基于目标导向理论和团队学习理论，以跨国企业的员工为样本，发现个人学习目标导向和团队学习行为对员工创造力具有非线性交互作用
报酬	报酬会控制个体的行为，导致其内在动机和创造力的降低（Amabile, 1996; Deci and Ryan, 1985） 报酬由于具有知识价值和对个人能力的承认会促进个体的创造性（Eisenberger and Armeli, 1997; Eisenberger and Rhoades, 2001; Eisenberger and Shanock, 2003）
评估与期望	评估会削弱内在动机，进而降低创造力（Amabile, 1996） 评估会促进内在动机和创造力（Harachiewicz and Elliot, 1993） Zhou 和 Oldham（2001）验证了自我管理发展评估状态比其他管理或控制状态更有利于员工创造力的发挥 Shalley 和 Perry-Smith（2001）研究并验证了信息性的评估比控制性的评估更有利于员工创造力的发挥 Zhou 等（1998, 2001）研究了回馈效价和回馈风格对员工创造力的影响，结果表明，当积极的回馈以信息性的方式传递时，员工的创造力的水准最高
领导行为	领导行为或直接或通过中间变量或以调节变量的形式对员工创造力产生影响（Hunter et al., 2007）
同事支援	Madjar（2008）研究发现，创造力受到同事的情感性支援和咨询性支援的影响，并且这种影响对具有不同开放性个人特征的员工的作用不一 George 和 Zhou（2001）研究并验证了当领导严格监督、同事表现不支援时，尽责性会导致低水准的创造力 Shin 和 Zhou（2003）也发现，当创造性同事在场时，主管领导投入的严格监督越少，员工表现出的创造力越高，而且对创造性人格较低的员工更为明显 Shalley（1995）研究了同事合作、预期评估、目标设定的交互作用对员工创造性和生产力的影响，结果表明，当员工单独工作、有预期评估、设定创造性目标时，表现出最高的创造力

2.3　社会网络与创新

创新是一个民族的永恒主题，创新离不开人的参与及人所处的内外部环境，组织的创新来自组织成员创造力的集合，他们的协同工作、学习和交流所形成的不同社会网络的集合即创新网络，而这些网络结构及员工间的联结方式对创新绩效存在不同程度的影响。

有关网络结构对创新的影响，van der Aa 和 Elfring（2002）提出了网络联结与知识创造和扩散的影响机制；Meagher 和 Rogers（2004）通过网络的结构和功能对网络聚合创新能力的影响进行了研究；王端旭等（2009）通过实证发现团队内部网络联系强度对团队的创造力存在显著影响；而陈子凤和官建成（2009）通过构建专利发明者之间的网络，实证检验了较短的平均路径长度和较强的小世界性会促使更多的创新产出。学者们发现网络特征对企业技术创新和产品创新有促进作用（周晓，2007；Tsai and Ghoshal，1998；Maskell，1999；Landry et al.，2002；魏江和郑小勇，2010）。大量文献分别从网络嵌入的强联系（Granovetter，1985）、弱联系（Granovetter，1973）、关系质量（Walter et al.，2003）、网络规模（Batjargal，2003）、网络位置（Freeman，1979）、结构洞（Dyer and Nobeoka，2000）和网络异质性（McEvily and Zaheer，1999）等探讨了不同网络结构特征对企业创新绩效的影响。

网络嵌入结构特征不仅会影响企业创新绩效，也会影响企业的创新行为。Gulati 等（2000）认为，嵌入网络中的关系不同，企业之间资源流动状况和企业对资源的控制能力就存在差异，这些差异必然会影响企业的创新行为，Simsek 等（2003）也指出，网络关系还会影响企业与网络中其他企业的认知近似性与和谐性，从而影响企业采纳不同强度的技术创新意愿。Gemunden（1996）根据企业与网络中合作伙伴的差异及联系强度的不同将网络结构划分为七种类型，实证探讨了不同网络类型对企业产品创新和流程创新的影响。

2.3.1　网络的形成

员工网络是组织实现战略的工具，组织通过员工的聚集形成正式网络与非正式网络，正式网络是组织根据自身战略目标进行的选择，包括组织架构及领导与被领导的关系确定。然而非正式网络与正式网络不同，它是员工通过工作的聚集后，由员工间的认知自组织形成的网络。网络实现了单个人之间不同模式的联系，这些网络不是静态的，而是随着时间的推移而演化的（Snijders，2001）。这些变化可能会由个人特点相关的机制和纯粹的结构网络的内生机制造成（Snijders，2005）。

Byrne（1961，1971）提出了相似性吸引假说，该假设认为人们越相似，就越可能互相吸引。这种吸引力对人们的社会生活有很大的影响，包括他们收到的信息的类型、他们的交互体验等（McPherson et al.，2001）。有些研究表明，这样的交流可能是年龄、性别、教育、任期内的其他因素导致的交流等因素的选择。Zenger和Lawrence（1989）观察到，年龄和技术交流的频率之间有一种关系。研究人员在社会学和统计学方面广泛研究了个人特征对交流的影响。个人偏好的重要性对个人以及网络连接人口特征相似性有重要影响，如 McPherson 等（2001）发现，在美国，人种、民族、年龄、宗教信仰、教育水平、职业和性别是友谊的影响因素。最近，一项研究检验了在线交流是否影响线下友谊模式，发现性别相似性的影响被排除，但是人种、民族、年龄、宗教、婚姻状况等因素对关系有很强烈的影响（Thelwall，2009）。Web 2.0 技术的出现以及用户原创内容产生更多的网络同质性调查和代理的在线社交网络的变化（Thelwall，2009）。

在最近关于网络社区的研究中，Thelwall （2009）关于 MySpace 的一项研究发现，存在广泛使用的地理和人口同质性，如种族、宗教、年龄、国家、婚姻状况、对孩子的态度、性取向、一起加入社区和网络的原因等。Preece（1999，2001）发现具有类似背景的人，如有相似功能疾病、上瘾、残疾和其他类似的健康体验的人，更有可能建立关系。Thelwall（2009）也发现，与现实世界的研究不同，同质性选择过程中性别特征在 My Space 中微不足道。然而，这些研究结果表明，同质性可能因互联网交流的便利而被削弱。关注网络基础上的同质性研究对理解在线网络社区的形成和演化非常重要（Thelwall，2009）。

Snijders（2005）的研究发现，结构的变化可以通过网络的内生机制和与个人特征有关的模式影响进行。网络的结构极大地影响了信息和知识的寻求以及扩散动力（Singh et al.，2011；Burt，2004；Coleman，1989）。Festinger（1954）在社会比较的经典理论中明确指出，人们可以基于同质的人作为相似的参照物来提升自己向上的能力，包括他们在网络中的结构位置。

2.3.2　网络与组织行为

Granovetter（1985）指出，我们研究的组织及其行为受到社会关系的制约，把它们作为独立的个体进行分析是一个严重的误解，并提出从关系嵌入与结构性嵌入角度对组织或个人行为进行嵌入性研究的理论框架。基于这个研究框架学者们进行了大量研究。Liu 和 Wu（2011）针对中国制造业从传统的低成本到创新差异化战略的转变过程的研究中发现技术关系嵌入性和技术结构嵌入性之间的互动对企业绩效有直接影响。而一些学者从关系嵌入出发，认为紧密的联系是竞争对手难以模仿的异质性资源，从而更能促进绩效的提高（Dyer and Singh，1998；Dyer and Nobeoka，2000）；另外一些学者认为弱联结更有助于企业获取竞争优势（Granovetter，1973，1985），Uzzi（1997）、Granovetter（1973）发现企业在网络中的位置对企业的行为和绩效的影响。Burt 和 Doreian（1982）提出的结构洞观点日益受到学界的关注。Rowley 等（2000）认为应该综合考虑关系嵌入性与结构嵌入性的交互作用给企业绩效带来的影响。

网络能够给企业带来竞争优势，但在学术上有一些争议，有学者认为强连带关系通过增加网络连带强度来构造企业间长期、稳定的非契约关系，从而降低长期平均交易成本，提高绩效；而弱连带关系则通过增加桥的数量，获得更大量的信息，提高企业认知能力而提高绩效。因此，强关系和弱关系均可提高企业绩效，但二者机制不同，并未构成悖论。

嵌入理论的关键要点在于，不管从何种角度出发来研究经济现象和行为，都必须考察经济行动者所嵌入的社会网络以及个人群体之间的具体互动（李怀斌，2009）。企业嵌入在网络中的特性影响着企业对资源的获取和利用，同时影响着企业的行为，最后这种影响会给企业绩效和竞争优势带来差异（Dyer and Singh，1998；Dyer and Nobeka，2000；Rowley et al.，2000；吴晓波和刘雪锋，2007）。对于企业所在网络中的关系嵌入性通过怎样的机制作用于企业绩效，尤其是作用于技术创新绩效，却众说纷纭（Granovetter，1985，1992；Uzzi，1997；Andersson 等，2002；McEvily and Marcus，2005），也缺乏相关的实证检验。国内学者刘雪锋（2009）通过实证研究了网络嵌入性通过影响企业的差异化战略进而影响企业绩效的作用机制。柯江林等（2007）通过案例检验了团队社会网络密度对企业绩效有正向影响。而企业在网络中的嵌入性给企业带来的影响及其作用机制的探讨还相当缺乏系统的研究。

目前，针对社会网络结构是如何影响在线技术采纳的问题，Peng 等（2011）通过研究发现了在虚拟工作平台上网络结构对技术采纳的影响作用，网络中心性和网络中间人与在线技术采纳有正向影响，网络结构和在线技术采纳存在一个强关系。针对开源软件项目的成功与否，由什么决定的问题，Singh 等（2011）给出了答案，他们发现拥有更强内部凝聚程度（项目团队之间的凝聚程度）的项目更加成功；外部凝聚程度（项目外部联结的凝聚程度）对项目成功具有倒 U 型的影响关系；外部联结直接和间接连带的数目对项目成功具有正向影响，而且直接连带数目的效应受到间接连带数目的中介影响。这些研究为我们理解虚拟网络如何推动人们的行为和项目的成功有积极的现实意义。

2.3.3　员工网络与创造力

从 20 世纪 80 年代开始到 2015 年，研究者们对团队创造力内涵的研究还没有达成统一，而如何促进团队工作是学者们一直追求的方向（Edmondson and Nembhard，2009）。Pirola-Merlo 和 Mann（2004）认为，某个特定时点的团队创造力是团队成员个体创造力的平均值或加权平均值，整个项目的创造力则是各时点团队创造力的最大值或平均值。Schepers 和 van den Berg（2007）认为，团队合作通过知识共享得以形成团队创造力。国内学者傅世侠和罗玲玲（2005）认为，科技团体创造力的构成包括个体创造力、课题探索性及团队创造氛围三个因子。丁志华等（2005）主张团队创造力是个体创造力、团队结构、团队氛围和团队领导的个人素质的函数。罗瑾琏等（2010）通过实证发现员工认知方式对员工创新行为具有影响作用，员工心理创新氛围对员工创新行为具有显著正向影响，会影响员工创新行为与工作绩效，而顾客知识和创造力对创新行为具有不同的解释力。其中，顾客知识比创造力对产品功能创新行为具有更大的解释力；而顾客创造力比知识对产品形式创新行为具有更大的解释力（王莉等，2011）。汤超颖等（2011）通过研究发现，变革型领导对团队创造力具有显著的正向影响。从这些研究中可以看出学者们更加关注团队过程、团队互动、团队气氛等团队层面的独特属性和作用机制对团队创造力研究的价值，使团队创造力的研究从个体创造特征逐步转向群体合成特征，并成为当前新的研究热点（王黎萤和陈劲，2010）。

创造力可为企业带来创新绩效，影响企业创新绩效的因素可以分为 4 个层面，即环境因素，结构因素，组织因素和个体因素（黄攸立，2010），因此，创造力同样会受到这 4 个因素的影响。郑刚和任宗强（2009）在许庆瑞等（2003）提出的全面创新管理的立体概念模型基础上，首次提出了创新过程中各创新要素全面协同的概念，他认为各创新要素在全员参与和全时空域的框架下，进行全方位的协同匹配，以实现各自单独无法实现的 2+2>5 的协同效应，从而促进创新绩效的提高。曾楠等（2011）通过建立理论模型和实证研究，发现企业内部研发能力、非技术性冗余资源以及不同的外部网络联系之间的交互作用，对创新绩效会产生显著的正向影响。把社会网络与传统计量经济学方法和案例研究相结合研究企业创新问题，分析网络结构特征对其组织问题的影响，可以把个体因素与组织因素结合起来更深地揭示影响企业创新绩效的本质（邵云飞等，2009）。我国目前已有一些学者从不同的视角应用社会网络分析方法对企业创新问题进行了讨论，获得了许多有意义的结论（薛靖和任子平，2006；邵云飞等，2009；蒋天颖和王俊江，2009；唐丽艳等，2009；张方华，2010；简兆权等，2010）。其中，张方华（2010）应用结构模型发现，企业通过对组织网络的关系嵌入和结构嵌入可以获取外部知识,从而对企业的创新绩效存在显著的推动作用;蒋天颖和王俊江(2009)实证发现,人力资本对创新绩效存在直接影响,而结构资本、关系资本对企业创新绩效存在间接影响并通过组织学习而实现;而简兆权等(2010)发现企业间的信任程度越高,知识共享的程度越高,企业间知识共享的程度越高,则企业的技术创新绩效越高。隐性知识的分享成为企业提升核心竞争力的突破点(魏江和郑小勇,2010;Khan and Jones,2011),但隐性知识传递一般以信任为基础,组织中情感连带这些非正式关系的建立有利于建立信任(Jones and George,1988;罗家德,2006;Weber C and Weber B,2011),而信任的建立又有利于隐性知识的分享。

网络嵌入性是研究企业网络的重要工具(Granovetter,1985;Uzzi,1997;Andersson et al.,2002),是在经济活动中的持续不断的社会关系情景(Granovetter,1985)。网络嵌入性对企业绩效或竞争优势的影响得到了学者们的广泛认可(Granovetter,1985;Uzzi,1997;McEvily and Marcus,2005)。战略管理研究要关注企业绩效的不同(Wernerfelt,1984;Barney,1991),而企业的嵌入性网络的不同会带来企业竞争结果的差异,即企业嵌入在网络中的位置、结构及其关系强度的不同带来企业绩效的差异(Granovetter,1985;Burt,1992;Uzzi,1997),因而嵌入性与绩效的关系及其影响机制也成为战略管理研究的重要内容之一。

2.4 信息技术与创新

社会网络站点从一个独特的在线活动变成一个普遍的现象,这个在人、组织和社团等之间互动的工具在最近几年飞速成长(Romero et al.,2011)。构建在数字化(IT)平台上的社会网络变得越来越普遍。个人和组织通过数字网相互作用几乎总是嵌入在社会网络中,并受社会网络的影响,同时也影响了社会网络(Agarwal et al.,2008)。Hahn 等(2008)分析了社会网络对开源软件开发项目中新成员的影响;Jeyaraj(2007)探讨了个人接受和影响组织中 IT 采纳与传播的过程,以及确定在社会网络中影响 IT 传播和吸收的因素;Bampo 等(2008)证明数字网络的社会结构对病毒式营销活动的成功有显著的影响。这些论文共同揭示了网络对技术、行为、经济方面的挑战和影响,有助于我们了解这种网络力量如何被利用(Agarwal et al.,2008)。

2.4.1　信息技术的采纳

从计算机发明到今天的信息时代，人类经历了不同的 IT 应用阶段。企业从传统的业务管理发展到今天的基于网络和计算机系统管理，这些系统为企业带来了巨大的价值创造和社会资源节约。有关企业信息系统和应用研究，学者们主要是从三个方面展开：一是从行为学的角度，研究企业采用新技术的机理和技术与行为的融合等；二是从技术角度，主要研究如何构建实用的信息系统来支持企业三个层面的应用，基于不同时期的硬件条件，设计出高效的管理信息系统，为企业提供快速的决策支持和流程处理自动化；三是主要从技术与管理的结合以及社会系统的层面探讨技术和管理的融合，以提升组织的创新能力、决策能力和核心竞争力，最终为组织和客户创造价值。

20 世纪 80~90 年代，一些实证研究证实了生产率悖论的存在。Strassmann（1990）调查了 38 个服务业企业样本，没有发现信息技术同投资回报之间有任何的相关关系报道，最后得出的结论是对计算机的投资与收益和生产率之间不存在相关性。Brynjolfsson 通过对多部门的实证研究发现全要素生产率增长从 70 年代到 90 年代中期平均每年下降 1.4%（Brynjolfsson and Mendelson，1993）。得到类似结论的人还有 Siegel（1997）等。Eckerson（1990）研究指出，在实施 EDI（electronic data interchange，即电子数据交换）后，仅仅有少数的企业实现了显著的成本节约；Hollis（1991）认为，虽然 EDI 的投资巨大，但它们在很大程度上都没有得到充分运用；关于这种 EDI 对企业绩效无用或作用不显著的观点已经作为 IT 生产力悖论的一部分，在 McCusker（1994）、Lauer（2000）的研究中相继提出。

从 20 世纪 90 年代中期至今，此期间大多数实证研究都证明了信息技术生产率悖论不存在，Brynjolfsson 和 Hitt（1996）、Brynjolfsson 和 Mendelson（1993）、Hitt 和 Brynjolfsson（1998）是其中的杰出代表人物。他们通过多次实证研究表明，计算机资本投资对企业的绩效水平产生重大的正面影响，并且认为信息技术生产率不足是"以前的事"。Bakos（1991）认为，跨组织信息系统（interorganizational information system，IOS）可降低组织之间的通信成本从而影响组织和市场结构，同时信息技术还可降低消费者的搜索成本，使销售商的价格逐步趋近于边际成本。Wang 等（1997）研究了标准化的跨组织信息系统，分析了简单的两层市场结构内 EDI 对供应商能力的影响。他们指出，不管采用什么策略，生产商和最终用户是新技术的受益者。

Brynjolfsson 和 Hitt（1996）于 1987~1991 年对 380 家大型企业的 1 000 个观测值进行回归分析，发现企业的 IT 投资回报每年都超过 50%。他们认为这个所谓的悖论产生的根源在于以下四个方面，即测度方法错误、信息技术收益的时间滞后性、信息技术的间接收益或隐性收益被忽略、缺乏对信息价值的事前事后准确评价。Brynjolfsson 和 Hitt（1996）从理论上证明了消除生产力悖论的可能性，即如果能够把信息技术的经济效益评价结构定义得非常精确，那么在估计信息技术效益方面由于错误地测度而产生的影响就有可能会减轻。Oliner 和 Sichel（1994）、Jorgenson 和 Sitroh（1999）分别用资本存量假说和替代效应假说来解释信息化的生产率悖论，分析结果表明，相对于其他要素而言，由于 IT 资本占整个社会总资本的比重过小（仅为 2%），所以其得到的要素收入份额相对也较小。正如 Klette 和 Griliches（2000）所指出的，生产率悖论并非是电脑以及 IT 的问题，我们不能把生产率悖论理解为 IT 革命本身存在的悖论。

企业信息技术的采纳过程是一个受到多因素影响的过程，有其阶段特征。对于企业 IT 应用过程研究，学者主要从两个方向展开评价：第一，从信息技术管理和组织学习的视角，探讨企业 IT 应用从发展到提升的变化过程；第二，从技术传播视角，分析信息技术在企业中的扩散过程和规律。

国内外大量研究成果表明，企业信息技术应用和成长的过程很可能存在阶段式发展特征。其中有两种观点，即简单阶段模型观点和 Nolan 阶段模型观点。简单阶段模型观点的主要代表学者有 King 和 Kraemer（1984）以及 Lyytinen（1991）。他们借助多个指标将组织的信息化过程划分为若干个简单阶段。另外一种观点以 Nolan 阶段模型为代表。Nolan 和 Gibson 在 20 世纪 70 年代创立企业信息技术成长阶段理论，该理论经过对多个组织的实证观察，用统计方法获得结论，认为 IT 在组织中的渗透分为四个阶段，即引入、传播、控制和集成（Nolan，1973）。不同阶段反映了组织的 IT 使用与管理的不同成熟度。Nolan 的阶段模型能帮助企业识别其所处阶段，从而针对每一阶段的不同特点采取相应的发展战略。在这四个阶段中，企业在信息技术应用上的资源投入呈现为一条 S 形曲线。随着技术的进步，Nolan（1973）对他的阶段理论模型做出进一步修正，在模型中引入技术时代的概念，形成了当前有意义的阶段模型。

对 Nolan 阶段模型研究，有不少的实证报道。其中，Saaksjarvi（1985）对芬兰的 130 家企业进行调查，认为 Nolan 阶段模型中的大多数指标很好地描述了总体发展趋势，但同时也发现样本之间存在较大的差异性，阶段理论在单个企业的层次上并不成立。彭建平（2005）在中国小型贸易公司 CRM（customer relationship management，即客户关系管理）信息系统探讨研究中也有类似的结论。King 和 Teo（1997）对 157 个样本企业进行了研究，认为企业的 BP-ISP（商务规划—信息系统规划）中确实存在阶段理论和阶段成长现象，通常来讲，阶段理论中的指标能够有效地对集成阶段进行预测。Holland 等（2000）在对 ERP（enterprise resource planning，即企业资源计划）应用的研究中所引入的阶段概念也为此观点提供了支持。

从技术传播的视角，研究和分析企业的采纳过程。Rogers（1995）对多份相关研究进行归纳总结，提出了创新扩散理论，他认为，IT 的扩散过程可以分解为五个阶段，即了解、说服、决策、实行、确认，通过从行为学的角度解释 Nolan 投入成本方面成 S 型曲线的统计结论，并推论 S 型曲线是各行为个体采纳行为累积的结果，是各个个体的微观扩散导致的在整个组织层面的宏观扩散（宋振晖和邓超，2005）。Rogers（1995）还指出新技术的 S 型过程传播有两种可能的解释：一种是新技术通过接触、交流实现知识的传播；另一种是以个体的学习为基础。彭建平和田宇（2006）通过数学建模的方法证明了新技术扩散具有 S 型特征。

对于信息技术的扩散研究大致可以分为两类，即采纳者研究和宏观扩散研究（Attewell，1992）。前者关注采纳者的创新度，后者关注潜在采纳者群体中技术采纳的速率和模式。这一部分的研究通常采用扩散过程的数学模型（Fichman，1992；彭建平和田宇，2006）。此外，Robertson 和 Gatignon（1986）、Attewell（1992）在扩散研究中关注组织和特定技术等复杂场合的影响。

国内学者把 Nolan 阶段模型用于中国企业信息化的研究，王农跃和梁新弘（2007）通过 Nolan 阶段模型对企业的信息化过程进行划分和描述，分析中国企业 IT 成长的历程，认为中国企业信息化经历了引入、传播、扩展、调整和集成五个阶段，基本符合 Nolan 阶段模型。肖静华和谢康（2007）通过对 137 家企业 IT 应用水平进行测量，应用聚类分析方法，把企业 IT 应用分为初始级、部分集成级、完全集成级、协同级和驱动级。戴欣（2010）利用系统动力学理论对企业 IT 应用水平提升路径进行了模拟，发现企业 IT 应用水平的提升规律与 Nolan（1973）修正的企业信息技术应用及成长过程相似，同时，他所提出的企业 IT 应用系统动力学模型有更好的解释力，其研究是对 Nolan 模型的扩展和丰富。

信息技术近几年的迅速发展，促使组织间的信息技术扩散问题受到关注，陈向东（1998）使用异性水平和产品生命周期两维将信息技术扩散分为四种类型。谢康（2000）外部性原理和实践，将信息化扩散分为企业-产业互动模式、挑战-反映模式、区域互动模式、示范引导模式和其他模式。王立军（2003）探讨了发散式扩散、直线式扩散和网络式扩散三种扩散模式。

对于以结果为导向的 IT 应用评价讨论，近几年国内研究主要有赵海峰等（2002）、汪淼军等（2006，2007）、王铁男等（2006）、肖静华和谢康（2007）。通过对企业调研，运用统计手段讨论企业 IT 投资对企业绩效的影响，得出了 IT 投资与企业绩效正相关的结论。

2.4.2 IT 应用与社会网络

IT 的普及使数字网络变得无所不在，越来越多的研究开始探讨公司是如何利用网络跟他们的顾客进行交流、人和人是如何进行互动，以及现在和将来的数字产品将如何改变商业和社会（Sundararajan et al.，2013）。目前，社会网络站点从一个独特的在线活动变成一个普遍现象，它是人、组织和社团等之间互动的工具，并在近年来飞速成长（Romero et al.，2011）。这些信息和沟通技术为个人和组织提供了新的沟通和维护社会网络的方式，但是，很少有学者对信息沟通技术与社会交互作用的影响效应进行研究（van den Berg et al.，2012）。个人和组织通过 IT 网络相互作用，几乎总是嵌入在社会网络中，并受社会网络的影响，同时也影响了社会网络（Agarwal et al.，2008）。

Hahn 等（2008）分析了社会网络对开源软件开发项目的新成员的吸引的影响；Jeyaraj（2007）探讨了个人接受和影响组织中 IT 采纳与传播的过程，以及确定在社会网络中影响 IT 传播和吸收的因素；Bampo 等（2008）证明数字网络的社会结构对病毒式营销活动的成功有显著的影响。这些论文共同揭示了网络对技术、行为和经济方面的挑战和影响，有助于我们了解这种网络力量如何被利用（Agarwal et al.，2008）。

针对社会网络结构对在线技术采纳的研究，Peng 和 Quan（2011）发现在虚拟工作平台上网络结构对技术采纳的影响作用，网络中心性和网络中间人与在线技术采纳有正向影响，网络结构和在线技术采纳存在一个强关系。针对什么网络特征决定开源软件项目的成功，Singh 等（2011）发现拥有更强内部凝聚程度（项目团队之间的凝聚程度）的项目越能成功；外部凝聚程度（项目外部联结的凝聚程度）对项目成功具有倒 U 型的影响关系；外部联结直接和间接连带的数目对项目成功具有正向影响，而且直接连带数目的效应受到间接连带数目的中介影响。这些研究为我们理解数字网络如何推动人们的行为和项目的成功有积极的现实意义。

积极的 IT 系统集成和业务的交互可以提升 IT 和业务的知识共享，以此更好地服务客户（Ray et al.，2005），目前企业 IT 采纳普遍存在，已成为组织与员工间重要的沟通工具和信息传递平台，彭建平（2011）发现员工的电子邮件网与员工个人绩效存在关系。学者们通过实证发现 IT 的采纳程度对组织绩效存在正向影响，但 IT 的应用必须与企业其他管理要素融合才能为组织带来绩效（Peng et al.，2011；彭建平，2012）。以人际交流为基础的社会网络在非结构化数据传递和知识共享上具有信息技术无法代替的优势，因此，在供应链运作过程中社会网络对跨组织信息系统具有互补作用（陈文波等，2010）。

IT 采纳环境下的组织创新研究非常多，然而员工网络结构对组织的 IT 应用水平的影响研究相当匮乏，现实中 IT 网络是企业连接员工思想和其他重要资源的工具，同时也是员工创新的核心平台，员工通过 IT 网络的嵌入可以交流思想、分享知识实现知识的转化，最终形成创新绩效。因此，员工网络结构如何影响 IT 应用水平进而影响创新绩效的研究具有深层次的理论意义。

2.4.3　IT 应用与企业创新

根据波特（Porter and Millar，1985）的价值链理论，企业的利润来自价值链的价值创造，而价值链由企业的不同流程组成，因此，企业流程是企业创造价值的源泉。企业绩效是衡量企业收益的重要指标，是指一定时间内企业的经济效益和经营者业绩（肖玲诺等，2005）。Yamin 等（1999）认为，企业绩效指企业实现市场和财务目标的水平。企业绩效是指一定经营期间内企业经营效益和经营者绩效，其中经营效益主要是针对营利能力、运营水平和后续发展能力，经营者绩效主要通过经营者在经营管理过程中对企业运营发展所取得的成果和做出的贡献来体现（张兆国等，2002）。

随着经济全球化竞争的加剧，不仅投资者和债权人关注企业绩效评价，企业内部管理者、政府、社会公众、雇员等都十分关心企业绩效。实务界和理论界越来越认识到传统财务绩效评价体系的局限性。传统业绩考评体系以财务为核心，在认识企业营利能力、成长能力、偿债能力等方面发挥了重要作用。但这种方法只是发现问题而未提供解决问题的思路，只是做出考评而难于改善企业状况。显然，现代市场竞争环境下存在诸多不确定因素，仅仅对一些财务指标进行分析，已难满足企业经营管理需求（贝洪俊，2003）。鉴于传统财务评价的诸多缺陷，人们开始系统地将诸如企业战略、创新能力、顾客满意度以及组织学习等非财务指标引入企业绩效评价体系中（李垣等，2003）。

针对影响企业绩效的关键因素分析，有大量研究和报道。例如，Vickery 等（1999）提出的供应链弹性对企业绩效存在较大的影响。Michael 等（1999）通过因子分析法发现先进制造技术、制造经理参与战略制定、竞争能力对企业绩效有显著影响。全面质量管理（total quality management，TQM）、供应链变化适应能力、竞争性目标、供应商选择、供应商参与、质量管理实践、虚拟企业信息技术及其联合效应，这些成为影响企业绩效的关键影响因素（Zahra and Bogner，2000；Kaynak，2003；Yusuf et al.，2004）。余伟萍（2004）对企业核心能力进行了分析和深入的讨论，通过大量问卷调查收集到企业能力要素有 83 个，应用专家访谈的方法进行归纳成为 21 个关键能力要素，其中供应商的管理能力、生产能力、制度能力和服务能力等都是企业获得创新和收益的关键能力。

自动化的信息传递会取代日常的电话交流或定期会议，甚至造成传统社交形式的衰落或瓦解（Zuboff，1988；DiMaggio et al.，2001）。然而随着信息化的逐步深入，学者们逐渐对这一带有技术决定论色彩的结论产生怀疑，认为技术在建构组织的同时，组织也在某种程度上对技术产生建构作用，技术与组织之间是一种互构关系（邱泽奇，2005）。以人际交流为基础的社会网络在非结构化数据传递和知识共享上具有信息技术无法代替的优势，因此在供应链运作过程中社会网络对跨组织信息系统具有互补作用（陈文波等，2010）。Hsu（2014）通过实证研究发现企业的竞争优势是企业 IT 应用与企业资源的融合，这种融合所带来的企业内外部及顾客的电子信息集成共同形成，而独立的 IT 应用或企业资源对企业获得竞争优势没有显著的影响。

一些学者基于资源基础观探讨企业 IT 投资对企业绩效的影响研究，Christina 和 Markus（1995）提出了 IT 资产的概念，其认为 IT 投资与企业绩效之间没有必然的联系，因为如果企业不能正确地进行 IT 管理，那么将不能取得预想的效果。Santhanam 和 Hartono（2003）认为在已有的研究中，研究者们提出了一个企业通过发展 IT 能力来提升 IT 投资效率，进而推进企业绩效的结论，论文检验了这种方法的普适性并验证了相关的命题。说明了有较高 IT 能力公司的绩效与行业平均绩效相比确实显示了较高的流动性和持久性。Chanchai（2008）利用博弈理论，从理论上证明了 IT 供应商是获得由 IT 投资创造更显著的价值的主体，而非投资 IT 的公司。

Holland 和 Skarke（2008）回顾了 IT 近七年的发展，研究了 IT 或商业目标调整的步骤，按照适当的步骤，确保统一的业务流程和 IT，一个组织可以使用新技术充分发挥其潜力，并取得更大的成功。国内学者况志军认为，企业持续的竞争优势可以通过动态 IT 能力的培育而获得，而动态 IT 能力的获得取决于组织持续有效的三个方面的工作，即：建立和执行组织惯例以确保高效地集成和协调 IT 系统的交付和利用；积累和配置有价值的组织 IT 资源；IT 投资决策时预先考虑组织环境中各种因素的影响。

Sidorova 等（2008）对 1985~2006 年三个全球最顶级的信息系统（information system，IS）研究期刊（*Management Information Systems Quarterly*、*Information Systems Research* 和 *Journal of Management Information Systems*）进行了分析，发现信息系统的学术研究已经维持在一个相对稳定的研究范式，其研究主要聚集在 IT 系统如何开发、个人、团队、组织和市场如何与 IT 相互作用这五个方面。对于这五个问题，大量学者进行了持续几十年的研究，逐步形成了信息系统理论和研究范式，为企业的实践和后继研究提供了理论支持，同时，由于新的企业理论逐步显露及新技术的快速发展和扩散，促使我们用新的理论和视角研究企业 IT 应用的采纳和创新，IT 采纳环境下团队的嵌入性特征对创新行为的影响研究就是把社会学与经济学理论融合起来解释组织创新行为规律，这类探索性研究可突破传统经济学的局限，更好地解释创新行为的内在机制。

2.5　文献评论与启示

Imai 和 Baba 在 1989 年提出创新网络是应付系统性创新的一种基本制度安排，网络构架的主要联结机制是企业间的创新合作关系。企业创新网络作为推动技术集成创新进而提升区域创新实力的有效组织形态嵌入于社会网络，具有社会网络的普遍属性（张宝健等，2011）。企业创新网络理论认为，企业与外部组织机构建立的彼此信任、互惠互利的合作制度，是一种高效创新模式，这种特有的模式表现出复杂性特征（Williamson，1985；Walker et al.，1997）。随着社会学相关理论逐渐渗透到经济学领域，社会网络成为解释复杂网络现象的有力工具。该理论认为创新网络是一种长期的、有目的的自组织活动，能够实现技术的非线性跃升（王大洲，2001）。同时，受社会网络结构性嵌入的影响，过度紧密的关系也会导致网络群体思维的形成，使网络整体表现出对外部新事物的排斥（Uzzi，1997）。

团队社会网络是团队社会资本的重要载体，也是信息、资源以及团队规范、共同认知、情感支持等流通传播的重要渠道，团队社会网络可细分为团队外部社会网络和内部社会网络。现有研究主要聚焦于团队外部社会网络对团队创造力的影响（王端旭等，2009），如 Granovetter（1985）提出团队之间的信任是双方资源交流的基础，信任嵌入于社会网络之中，因此构建良好的外部社会网络十分重要。Tsai 和 Ghoshal（1998）的研究表明，团队网络地位影响外界对团队的信任及资源的交换与整合，最终影响团队的价值创造。然而，团队内部社会网络研究却远没有引起足够的重视。相对于外部社会网络而言，团队更容易掌控其内部的关系网络，通过充分挖掘嵌入于内部社会网络之中的各类资源激发团队创造力（王端旭等，2009）。因此，什么样的研发团队网络更有利于创新，值得我们进行深入研究。由于社会网络分析的优势在于揭示社会机制的作用过程和用整体的观点考察节点间的互动关系，很适合做创新研究（邵云飞等，2009）。

知识型员工是企业的创新主体，他们的创造力是一切创新的源泉以及企业创建核心竞争能力的原动力。行动者之间所形成的关系会影响行动者的行为，而行动者的行为也会影响行动者之间的关系。因此，越来越多的学者开始从员工网络嵌入性的视角对研发团队创新能力展开深入的思考与研究（王端旭等，2009；张鹏程等，2009），希望发现行动者之间所形成的关系作用于企业创造力和创新绩效的机制，为优化企业研发团队的网络结构，推动个人创造力向组织创造力的转化提供理论指导和政策建议。然而，从目前的研究来看，基本上没有对员工社会网络的形成机制进行讨论，因此，在网络结构如何推动创新行为的机制设计上缺乏理论支撑。

目前现有的嵌入性研究基本集中于定性研究。从中国来看，嵌入性相关研究起步较晚，目前还处于起步阶段，大多局限于国外研究成果的简单整合，针对中国企业实践的实证分析非常缺乏（兰建平和苗文斌，2009）。员工网络是企业创新的重要资源，网络结构与员工关系对企业中知识传播的效率影响极大，高效的员工网络可以成为知识分享和扩散平台进而促进创新。从文献的回顾我们可知，创新就是知识的发现、重构或新知识的应用，因此，在研发团队中如何利用员工网络推动异质知识的互补值得学者们系统研究。当今，学者们针对组织间的网络如何影响组织行为有大量的研究，但是组织内部员工网络结构和关系如何影响员工行为缺乏实证，其原因在于企业内部网络的构建有相当大的难度，特别是企业的研发员工的社会网络。目前相关研究多数应用计算机仿真模拟的方法来构建员工网络，然后对网络结构进行分析（陈亮等，2009）。这种方法与现实员工网络还存在一定的差距，对现实员工创新行为的解释还存在一定的差距。

当今信息时代，企业的创新主要依靠知识型员工的协同，而一个协同的创新团队针对不同的创新目标需要不同的社会网络的支撑，然而，我们对企业内部研发社会网络的形成机制研究的不足，以及整体研发网络内部网络结构如何推动创新行为的机制缺乏系统的研究，导致我们从员工网络层面来推动组织内部的知识分享与创新行为制度设计的缺失，这些研究问题为本人的研究提供研究启示和研究契机。

信息技术对企业创新的影响虽然有大量报道，然而，有关信息技术如何促进或阻碍员工线上或线下社会网络的形成机制，并推动员工间的情感支持和异质知识的分享一直存在研究盲点。当今社会，经济社会人都嵌入在组织网络或数字网络社会中，不同的网络对人行为的影响不同，因此，分析在 IT 采纳环境下的员工网络对员工创新行为的影响可以让我们对组织创新行为这个企业内部"黑箱"有一个更加深入的理解，同时，对企业正确地投入 IT 来构建虚拟创新网络提供认知。

关于信息技术如何形成企业竞争优势并通过与企业资源能力的融合为企业带来绩效的研究有许多报道，其中，Peng 等（2016）通过实证，证明了信息技术为企业带来的绩效是通过与企业管理要素的融合产生的，信息技术为企业直接带来绩效仅仅是一个伪象，它有效地解释了"IT 悖论"产生的原因，然而，IT 作为一种战略工具的应用，如何改善创新环境调节组织中员工的知识学习氛围来支持创新过程的研究还相当匮乏,企业内 IT 的应用在一定程度上可以使员工的社会网络维护更加简单,沟通渠道的多样化使沟通成本大幅下降,同时员工知识的获取、知识的搜寻和交换成本更加低,因此,员工的创造力会更大。

　　信息技术能为企业带来效率和效益,但是如何从企业资源观的视角来提升 IT 应用水平还存在不足。由于不同企业可操作的软能力受企业的各种影响因素不同,所以在如何提升企业 IT 应用水平的路径选择上会存在差异,而如何选择不同企业 IT 应用水平的提升路径来改善创新环境将成为本书研究的另外一个重要实证研究切入点,因为 IT 的广泛采纳,推动了人与组织虚拟网的形成,而虚拟网与社会网中人与组织的行为会相互作用,影响着组织的创新效率,高效的虚拟网络可以促进社会网络节点上的人更好地分享知识和寻找自己需要的信息,因此,有效地推动企业信息化建设对提升组织的创新能力显得更加紧迫,值得深入探讨。

　　从文献回顾,学者们对员工的创新行为的研究有了初步探讨,但尚未形成对员工创新行为前因、后果的系统化认知,在实证的深度和广度上还有所不足(孙锐等,2012),企业内部员工网络与创新的关系仍是一个黑箱(任宗强等,2011)。因此,探讨与检验员工网络与创新的关系对企业的创新实践有非常重要的理论指导意义。

第3章 研 究 设 计

基于文献综述，员工的嵌入性由结构嵌入和关系嵌入构成，而员工整体社会网络是不同情境下员工网络的集合，因此，厘清员工个人网络结构和关系特征，以及员工工作咨询类网络与情感类网络对个人和组织行为的影响需要进行系统的研究设计。我们在文献回顾的基础上提出研究构念及推演理论假设，并构建变量测量模型和变量因果关系研究模型。

3.1 研究问题

员工创造力是企业创新的核心能力，员工通过网络交流、互动、协同与知识分享等过程实现创新活动。员工不仅个人嵌入在社会关系网络中，连个人所拥有的知识也嵌入在社会大环境中，因此，个人行为会潜移默化地受到其所嵌入的关系或圈子内其他人行为的影响，同时群体行为也会受到网络节点中联系强或弱的员工行为影响。本书在文献回顾的基础上，主要探讨两个层次的问题。

（1）个人层面的研究。其主要包括：①员工社会网络形成机制，员工工作咨询网络与情感网络的关系；②员工的网络结构特征和关系特征对员工知识分享行为的影响；③员工的网络结构特征和关系特征对员工创造力的影响；④员工的知识分享行为中介员工嵌入特征与创造力检验；⑤员工所在的网络整体特征对员工个人行为的影响。

（2）组织层面的研究。其主要包括：①企业员工整体网络特征与创造力的关系；②企业员工整体网络特征对组织内员工知识分享质量的影响；③企业 IT 应用水平对知识分享质量与创造力的调节作用；④企业 IT 应用水平的提升机制与创新环境。

在接下来的研究中，我们通过员工个人嵌入到整体嵌入特征分别作用于不同层面所导致的行为特征研究，提出企业如何利用制度设计来推动和优化员工网络结构与员工关系改善、推动企业整体创造力的提升和创新绩效的改善，避免员工网络过渡社会化和低度社会化两个极端导致企业整体创造力的弱化或丧失。专著从两个层面探讨知识型员工的嵌入特征对个人创造力和组织创造力的影响机制，并最终对企业创新绩效产生影响。本书中讨论的企业知识型员工简称员工，所研究的整体网络以知识型员工聚集的研发、技术、运营支持或设计等企业内与创新相关的部门为员工社会网络研究边界。

我们之所以要限定所讨论的员工网络边界出于以下原因：首先，企业的创造力主要来自于知识型员工所聚集的具有一定创新能力的部门，他们的创造力是企业的核心竞争力；其次，不同的企业员工数量存在较大的差异，如果以企业为单位来构建整体员工网络会有相当大的难度；再次，因为分工的不同，许多大企业内部各部门员工几乎没有交流，所构建的网络不能真实反映知识型员工间的交流状态；最后，知识型员工聚集在一起进行新产品的开发、设计等创新工作是由于企业的工作需要，把他们的嵌入特征与其他员工分开，可以减少其他非研发人员或创新人员行为对知识员工行为的研究形成干扰信息。

3.2　员工网络结构与行为

本书我们分为两个层面，即个人层面和组织层面。其中，基于文献回顾和以下的假设推论，个人层面的研究变量我们选择员工个人知识分享、创造力、个人在网络中的程度中心性的出度与入度、中介中心性及员工关系强弱；组织层面的研究变量我们选择企业员工整体知识分享质量、创新绩效、IT 应用水平、员工整体网络关系和企业中员工的异质性等。

3.2.1　理论假设

1. 创造力与知识分享

企业的竞争优势是如何充分利用操作性资源来更好地满足顾客需求，那些把员工视作"操作性"资源的企业，往往能够开发出更富有创新性的知识和技能，进而获得竞争优势（Lusch et al.，2007）。员工网络就是一种"操作性"资源，利用这种资源推动员工知识分享和知识重构是企业实现创新的关键。员工嵌入特征决定了员工知识的分享效率和组织的学习能力，最终影响创造力与创新绩效。因此，如何操作员工网络资源来改善创新质量和创造力需要我们首先厘清他们的内在机制。

网络资源是企业竞争优势的重要来源，企业可获取的资源与嵌入性资源对创新绩效影响不同（Zheng et al.，2013）。在有关创新和创造力的文献中，学者们认为从网络中获取的信息和知识有效的相结合，可以产生创新的思维和产品（Allen，1977）。Burt（1997）认为，在网络中信息和合作行为能随着时间不断加强和累积，同时信息和知识能给行动者提供机会，而合作行为能触发行动者的协作行为（Podolny and Baron，1997）。笔者认为员工在社会网络中的交流能促进他们之间的更深入的合作或协作行为，而在这些基于更深层次的合作和协作行为的出发点是为了共同实现公司的利益并实现自我的需求，降低技术和市场的不确定性。

当企业聚集知识型员工并利用正式网络实现员工间的协同，员工往往要结合自身的专业知识设计出更有效的产品方案以实现产品的创新。而这正是员工发挥了其新颖的并有效解决问题的能力，即创造力，而这个过程的实现，需要员工知识的互补，即员工需要吸收别人的知识。然而，根据社会交换原则，如果你需要吸收别人的知识，你就需要有积极分享自己知识的愿望，而知识分享是一种愿意帮助他人去发展新的行动能力，如创造力的行为。所以，员工的知识分享行为对员工的个人创造力具有显著正向的影响作用。我们提出如下假设。

H_1：员工知识分享行为和员工个人创造力显著正相关。

2. 员工联系强度与知识分享

在有关创新和社会网络文献中，大部分有关网络的研究重点关注网络结构和网络内容如何影响个人和组织行为，其中，一些学者讨论了网络中的联结结构和联结强度（Adler and Kwon，2002；Burt，1992；Coleman，1990；Krackhardt，1992），而另外一些文献重点讨论组织角色的效用和行动者的经历（Cummings，2004；Podolny and Baron，1997；Reagans and McEvily，2003）。人们发现网络结构和联系强度对人的行为具有显著的影响。

促进知识在组织内部的创造和分享是企业获取竞争优势的重要来源（Kogut and Zander，1992）。社会网络理论认为，网络结构特征对知识获取具有重要作用（Ghoshal and Bartlett，1994；Hansen，1999；Szulanski，1996；Uzzi，1996，1997）。在有关新产品设计的研究中，Kijkuit 和 van den Ende（2007）强调在新产品设计这种需要知识为依托的企业中，组织通过员工共同合作以降低不确定性来满足产品检验标准的需求非常迫切（Kim and Wilemon，2002；Moenaert et al.，1995），同时，这些学者在有关行为决策的文献也强调在依托知识发展的组织当中，模糊性和不确定性对决策非常重要。因此，他们提出这些企业需要强联结和紧密的网络环境，因为这样的结构能促进知识传递和触发在不确定性环境中推动协作性行为的产生。而且，强联结能提高相互间的批评以使得知识吸收更有效（Kijkuit and van den Ende，2010）。

Seers（1989）在他的研究中指出，成员所获得的知识分享效果是成员与团队中其他成员相互作用的结果，成员间的人际交互作用由成员接触频率、成员间人际关系以及团队的整体聚合力组成。员工间交流的强度（频率）可以有效促进信息的传递（Hansen，1999；Uzzi，1997）。那些互动频率高的员工会比互动频率少的员工更可能与其他人分享信息。那些拥有异质信息成员之间的频繁互动能促进成员更有效的互动，因为在这种频繁互动中，互动双方间的理解会得到提高（Uzzi，1997）。除此之外，良好的相互理解能缓解复杂信息和知识传递的难度（Uzzi，1997）。为了更好地去理解和消化知识，员工需要获取这些信息和知识。这个获取的过程可以通过强烈的人际交流关系而得到实现（Allen，1977；de Meyer，1985）。而且，频繁的接触可以促进信任的建立，而信任可以进一步促进信息的传递。信任给予知识传达者自信，让他们相信分享所获得的信息和知识不会没用（McEvily and Marcus，2005）。因此，互动强度、网络密度与知识等资源的交换机会密切相关（柯江林等，2007）。本书提出强关系能促进知识分享，特别在依托知识而发展的企业当中，员工间关系强度越强，员工知识分享的意愿行为会越高涨。

关于员工关系强度的研究学者们把关系分为强关系和弱关系。如果个人有意传递知识，则强关系被认为是非常重要的（Hansen，1999）。如前文文献综述所示，知识对企业创新来说非常重要。强关系使交流过程变得具有帮助性，强关系会比弱关系更容易获取所需要的帮助（Granovetter，1983），更有利于主体间分享精细化的和深层次的知识（Kang et al.，2003）。而且强关系可以促进信任建立（Reagans and McEvily，2003）、心理安全（Edmondson，1999）和相互理解，从而促进知识的传递，特别是对于复杂性的知识强关系更有获取的优势（Hansen，1999；Uzzi and Spiro，2005）。如果个体能结合这些新获取的知识和已有知识进行创造性的想象，可以提出新颖的独特的新方法来解决工作中的许多问题。基于上面的讨论，笔者认为具有频繁交互作用的个体在创新过程中会变得更具有创新性，另外，广泛的网络接触增加了团队成员对各自技能与知识的了解，有助于个体在需求知识时能快速地找到相关专家（柯江林等，2007）。因此，员工关系强度对创造力具有直接的影响作用。当员工关系强度越高时，企业中进行内隐性和嵌入性知识分享活动的行为会越高涨，从而员工个人的创造力也会越高。因此，本书提出以下假设。

H₂ₐ：知识型员工关系强度和员工知识分享行为正相关。

H₂ᵦ：知识型员工关系强度和员工的个人创造力正相关。

3. 员工网络结构与行为

根据社会网络概念，人与人之间不仅仅存在点对点的联结，其个体和关系都是嵌入在网络当中的。社会网络理论提出，个体在网络中的结构位置非常重要（Brass，1984；Ibarra，1992）。Perry-Smith（2006）实证研究发现，个人中心性对个体创造力有正向影响。而在社会网络中心性是一个重要的衡量个人结构位置的指标，它可以衡量个人地位优越性或特权性，以及社会声望等（罗家德，2006）。当组织中员工占据中心位置高的时候，其他员工在工作上遇到问题都愿意找他帮忙；而就情感来说，其他员工愿意与他分享私事，其中情感性连带是建立信任的基础。信任有利于员工之间分享组织中难以言说的隐性知识，而这些知识往往成为个体产生创新想法的来源，从而促进个体创造力。因此，从知识获取的视角上看，处于中心位置有利于个体发挥创造力。

从相关研究发现，占据中心位置的个体与高地位、权力和自由有正向关系（Ibarra，1992；Ibarra and Andrews，1993；Brass，1984；罗家德，2010）。除此之外，研究发现创造力通常用来赞誉那些被认为具有创新性的个体（Simonton，1984）。因此，在网络中占据中心位置的员工经常被称赞具有创新性，是其他员工的创新模范，从而得到其他员工的认同。根据马斯洛需要理论，获取别人赞誉就等同于获取认同，认同感属于个体追求高层次需要尊重和自我实现的表现之一。为了获取赞誉和追求需要，组织中的员工会想办法通过提高自身创造力来占据中心位置或维持其中心位置，从而获得他人的认同和赞誉，实现自我价值。从认知论和价值论的角度来看，个人程度中心性越高，员工就越有动机去提高其创造力而维持有利的位置。因此，从个人价值创造角度分析，员工倾向于占据网络中的中心位置。

一般来说，正向影响为社会互动原则（Krackhardt and Brass，1994）。社会互动的起因都是因为有利可图才会发生，也就是人际间所产生的关系起源于这种互动的关系能给自身带来利益，现实中体现为在网络中结构变量程度中心性对员工创造力有正向影响，因为其结构位置是在社会互动过程中形成的。但是，根据网络嵌入理论，个人嵌入在多重的网络当中，如 Krackhardt（1992）提出组织内网络主要分为情感、情报与咨询网，罗家德（2006）研究组织中自组织现象，认为组织中还会形成一小群的次级团体。这些方面都说明，个人是嵌入在多重网络中，由于个人精力和资源的限制，他在每个网络的程度中心性是具有差异的，因此，不同网络程度中心性对其创造力影响也存在差异，不是每一个网络程度中心性都对员工的创造力具有正向影响，但基于社会互动原则的正向影响为起点，至少应该有一个网络对员工的创造力有正向影响。因此，本书认为，员工网络当中应该至少有一个网络程度中心性对其创造力有影响。

员工关系不但影响人的行为，同时也会影响他本人所处在的社会网络位置，许多研究发现，个人在社会网络结构中的位置对员工创造力存在一定的影响。在一个特定的网络中，研究个体的中心性或位置是非常有趣的（Freeman，1979）。占据在网络中心位置的个体很有可能对冒险持有宽容的态度（Perry-Smith and Shalley，2003），这些个体知道网络中发生的事情而且他们更有能力去通过人际交流获取知识。他们经常会被网络中的其他成员认为是具有更高的地位（Ibarra，1992；Lincoln and Miller，1979）。这种获取知识的权力和能力可以给个体带来多样化的想法和视角（Ibarra and Andrews，1993）和对自由能力的感知（Brass，1984；Krackhardt，1990），从而给个体获取冒险所需要的自信和人际判断力。有关实证研究也支持中心性与冒险感知相关的观点（Cancian，1967；Ibarra and Andrews，1993）。无论是发明具有开创性意义的产品，还是提出一个具有新颖性且有效解决现存问题的方案，创造力都包含冒险的成分。基于工作环境往往通过支持冒险行为来促进创造力的观点（Woodman et al.，1993），有学者提出个体占据更加中心的位置有利于提高其创造力（Perry-Smith and Shalley，2003）。因此，笔者认为个人在网络中的位置越处在核心位置，其获取的资源会越多，向外寻求帮助的机会也会越多，由此，会促进个人创造力的发展。

在社会网络理论中，对于个体中心位置的结构变量的测量方法有很多种。其中最常用的包括程度中心度、中介中心度等。一般程度中心度最能体现个体所处的网络位置，目前许多学者把程度中心度作为计算一个人在一个整体网络中最重要的指标之一。在组织行为学中，拥有高程度中心度的人掌握着更多的资源和拥有更多的权力，权力包括从他人身上获取帮助和知识的能力。在前面的文献综述中，创造力具有其社会性方面的属性，这个属性与获取知识和吸收知识是分不开的。如果个人在网络中拥有更多对外关系的联结，就说明个体在需要获取帮助的时候或者需要获取新知识的时候，能比他人有更多的机会去接触新知识，从而促进其个人创造力的发展。而这个节点具有对外关系数量的总和可以利用程度中心度中的外向中心度来表示。外向中心度越高，越能说明该个体非常好学，有强烈的主动与外界交互的动机和愿望，由于个体维持这些外向联结需要时间和努力成本，为了获取回报，个人会有更强烈的动机去学习从而发展自己新的能力，而且会更愿意去实践知识分享的活动以求获取更多的新知识。

然而员工在公司中以不同的主题形成的社会网络种类繁多，每个网络交流的内容也不相同，如工作讨论网交流的是有关工作上遇到的问题，意见咨询网是交流个人在工作上单独遇到问题时会向谁寻求咨询意见等。因此，本书根据 Ibarra 和 Andrews（1993）的研究将企业员工社会网络分为工作（咨询）性网络和情感性网络。具体网络我们可以选择罗家德（2010）在他的研究中所选择的几个主题来组建员工网络，在这些网络中个体只要占据中心位置，都能彰显其在该网络组成成员中的地位和亲密程度，而且都会对其自身能力的发展和行为造成影响。因此，笔者提出两个开放性的假设，即认为个体所组建的所有工作性网络和情感性网络当中，至少有多个网络的出向中心度和入向中心度对个体的知识分享行为和创造力具有显著影响，假设如下。

H_{3a}：多个员工网络的出度和入度对员工创造力存在显著影响。

H_{3b}：多个员工网络的出度和入度对员工知识分享存在显著影响。

4. 知识分享的中介作用

促进知识在组织内部的创造和分享是企业获取竞争优势的重要来源（Kogut and Zander，1992）。社会网络理论认为，网络结构特征对知识获取具有重要影响（Ghoshal and Bartlett，1994；Hansen，1999；Szulanski，1996；Uzzi，1996，1997）。如前面文献综述所示，个体的关系特征会影响到组织内部知识分享的行为。当个体之间关系越紧密，互动的频率与强度就越高，从而进行知识分享的意愿就越高。亲近的关系会正向影响知识传递，而疏远的关系会负向地影响知识传递（Baum and Ingram，1998）。因此，本书认为员工间网络关系强度会影响组织内员工知识分享的意愿行为。

曾楠等（2011）通过建立理论模型和实证研究，发现企业内部研发能力、非技术性冗余资源以及不同的外部网络联系之间的交互作用对创新绩效会产生显著的正向影响；Peng和Quan（2012）应用一个案例讨论了员工的网络结构如何影响员工的知识分享和绩效。因此，知识分享来源于组织或员工间的互动，互动的效率决定知识分享的效果，而知识分享的效果决定个人创造力和创新绩效。

知识分享可增加团队成员的知识存量，这种小范围的知识增加可以提升单个成员的知识创新能力，从而产生累积创新（柯江林等，2007），但是，知识分享需要员工的互动，而员工社会网络就是员工互动的平台。杨德林和史海锋（2005）研究发现，项目组内部交流与知识创造水平有显著的相关性，因此，我们可以推论知识分享的前因和员工的网络结构与员工关系有非常重要的关系，而知识分享对创新存在直接影响。

有关社会网络和知识分享的研究都认为，如果企业能充分利用他们员工集体所拥有的专业技能和知识，企业将变得更具有创新性和有效性。其中，Levin和Cross（2004）的研究提出了关系强度和有用知识接收之间存在相关关系。在Levin和Cross的文献中，他们认为强联结更可能促进知识寻求者去充分理解和利用新获得的知识（Hansen，1999；Krackhardt，1992）。在本书研究中，我们发现，充分理解和利用新知识，可使知识接收者更好地整合自有知识来产生新颖有效的解决问题的新知识，并大大提高员工的创造力。

根据前面文献回顾和Levin经典模型的运用，我们认为，在当今信息时代，企业的创新越来越依赖于员工的协同创造，而员工间的协同需要员工的知识分享和员工知识的互补，企业通过员工的聚集所形成的正式网络有一个非常重要的作用就是实现员工的协同来重构新的知识，因此，知识分享在社会网络结构变量和创造力之间会搭建起一个桥梁，也就是个人的社会网络结构特征可通过知识分享这个行为变量来影响个人的创造力，知识分享在员工社会网络结构和创造力之间扮演重要的完全中介或部分中介的角色。因此，我们提出如下假设。

H_{4a}：员工知识分享中介员工关系强度与员工创造力。

H_{4b}：员工知识分享中介员工网络结构与创造力。

5. 整体网络特征与个人创造力

上面所建立的理论概念，仅仅考虑了个人层面上的网络结构特征，学者们认为，嵌入网络中个体的行为会因所嵌入圈子程度的不一样而导致行为的差异。例如，员工整体网络密度就是一个非常重要的整体网络变量，它表示的是网络中成员间联结的紧密程度。本书认为，紧密和疏离的网络都能正向影响网络成员的行为。其中，一种观点认为具有低密度的网络中，行动者更趋向于与多样化的联结点紧紧相连，从而接触到更多多样化的信息来源（Burt，2004；Mizruchi and Stearns，2001；Perry-Smith and Shalley，2003），而这些多样化的联结可以提供更多的经验、独特的资源和多样的思考观点，更进一步说，低密度也能提供行动上的自主性和自由度（Burt，1997）以及降低同质化的压力，从而提高个人的创新想法（Perry-Smith and Shalley，2003）；而另一个方面的研究结论认为，高密度被认为与快速的、更正确的和更可靠的信息相关（Ibarra，1995；Granovetter，1983；Nooteboom，1999），并与共同语言的发展（Nahapiet and Ghoshal，1998；Obstfeld，2005）、心理安全（Edmondson，1999）和高的吸收能力相关（Gilsing and Nooteboom，2005）。

在高密度网络中，员工更愿意去帮助他人而且更容易建立信任。因此，高密度网络也能促进员工间知识分享，从而促进其个人发展创造力。由于员工在企业中会形成不同主题的多个网络，而且网络本身具有一定程度的交叉，员工所构成的网络紧密程度必然会有差异。这种组织层面上的整体网络上的结构密度差异性程度必然会影响员工的行为。因此，笔者在本书研究中提出了一个探索性的假设检验。员工所组建的网络间的密度差异程度越小的时候，员工的创造力越高。

当员工所组成的所有网络密度差异程度太大的时候，说明员工之间所建立的关系不稳定，如员工们可能在工作性网络中交流紧密，但是在情感网络中却表现疏离，这可以间接说明这个企业中员工所建立起来的网络关系具有一定的不确定性，从组织层面上来看，员工间信任关系薄弱，这并不利于具有隐性和复杂性知识的传播。从另一个方面看，员工网络间密度差异性大，不利于知识分享意愿行为的发生，因此也不利于员工创造力的改善。因此，本书研究认为员工网络间密度差异性大，员工的创造力会越低。

H_5：知识型员工所构建的多个网络密度差异性越小，员工的创造力水平越高。根据理论假设，我们可以获得个人层面的研究模型，如图 3-1 所示。

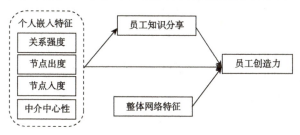

图 3-1　个人层面的研究模型

3.2.2　群体行为与个人行为

社会影响理论认为，在社会影响真正发生作用的时候，改变的是个体的态度或者行为，而这种影响在人群中是通过两种不同过程进行传播。一种是直接接触传播，另一种是通过间接比较后进行的传播。

在社会学文献中，对于社会影响有着很多理论。绝大多数理论认为，人们会通过比较自身与团体中其他成员的行为或态度差异来获得自己的态度或行为的改变，而影响的过程就是将个人的参照偶像的行为或态度变成自有的行为与态度的过程。从参照偶像的角度来说，我们可以定义两个不同的改变过程。首先是直接接触传播，直接接触传播是指个人将与其有着直接接触的个体作为参照偶像；其次是间接比较传播，间接比较传播是指个人将那些他们认为与自己相类似的个体作为参照偶像。在直接接触传播中，社会网络的研究集中于内聚性。内聚性是指个体之间的连接路径的数量、长度、强度等，学者们证明了在集群内部的个体更加倾向于具有趋同的行为。在间接比较传播中，结构同型性则是主要的理论代表。其中最为著名的是 Lorraina 和 White（1971）所建立的基于结构同型性（structural equivalence）的回归模型。

虽然在理论上直接接触传播和间接比较传播的传播机制是完全不同的，但是在生活中这两者却不能被完全的区分开来。直接接触的个体之间同时存在着直接的或者间接的沟通交流以及直接的或者间接的比较。间接接触的个体之间同时存在着直接的比较、间接的比较甚至间接的交流沟通。Burt 和 Doreian（1982）就从一套数据集中找到了同时能够支持两个理论的证据。Friedkin（1998）融合结构内聚性（structural cohesion）和结构同型性构建了经典的濡染模型（contagion model）。

基于学者们的前期研究，我们对员工社会网络与员工关系对员工的个人行为和工作态度的影响进行推导，可以获得企业内员工群体行为对个体行为的影响模型。我们假设员工社会网络中有 N 个员工，用户 i 的行为 y_i 受到 k 个因素的影响，这些影响因素主要来自员工的自身属性，由 k 个变量来表示(x_1，x_2，$\cdots$，x_k)，每个影响因素的影响权重为(b_1，b_2，$\cdots$，b_k)。则我们可以得出式（3-1）。

$$y_i = b_0 + \sum_{j=1}^{k} b_i x_{ij} + u_i, i = 1, 2, \cdots, N \tag{3-1}$$

写成矩阵形式后，得到式（3-2）。

$$Y = bX + u \tag{3-2}$$

其中，$Y = \begin{bmatrix} y_1 \\ y_2 \\ \vdots \\ y_n \end{bmatrix}$；$X = \begin{bmatrix} 1 & x_{11} & x_{12} & \cdots & x_{1k} \\ 1 & x_{21} & x_{22} & \cdots & x_{2k} \\ \vdots & \vdots & \vdots & & \vdots \\ 1 & x_{n1} & x_{n2} & \cdots & x_{nk} \end{bmatrix}$；$b = \begin{bmatrix} b_1 \\ b_2 \\ \vdots \\ b_k \end{bmatrix}$；$u = \begin{bmatrix} u_1 \\ u_2 \\ \vdots \\ u_n \end{bmatrix}$。

此时我们所得到的模型就是传统经济学的多元线性模型。用图 3-2 来表示员工与员工的相互关系。

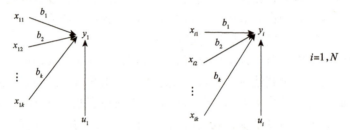

图 3-2　传统经济学多元线性模型关系

但是传统经济学忽略了一个事实，那就是在考虑员工行为和态度的影响因素时仅仅只考虑到员工自身的地位、职业、性别等属性数据，而忽略了员工与员工之间的相互影响。因此经典濡染模型在传统模型的基础之上加入员工与员工之间的影响因素，根据 French Jr（1956）、Harary（1959）、de Groot（1974）的研究，个体当前时刻的态度受到前一时刻的其他个体的行为和态度的影响时，用 d_{ij} 代表用户 j 对用户 i 的影响权重，且 $\sum_{j=1}^{N} d_{ij} = 1$。由此，我们可以将个体在 t 时刻的员工行为和态度用式（3-3）表示：

$$y_{i,t} = \sum_{j=1}^{N} b_{ij} y_{j,t-1}, i = 1, 2, \cdots, N \tag{3-3}$$

将式（3-3）写成另一种形式：

$$y_{i,t} = y_{i,t-1} + \sum_{\substack{i=1 \\ j \neq i}}^{N} d_{ij} \left(y_{j,t-1} - y_{i,t-1} \right), i = 1, 2, \cdots, N \tag{3-4}$$

由式（3-4）可以看出，个体在 t 时刻的行为和工作态度是由员工自身在 $t-1$ 时刻的行为和态度、其他相关用户在 $t-1$ 时刻的态度以及其他员工对该员工的影响权重共同决定的。假设，任意时刻个体之间的相互影响的比重不随时间变化，则迭代得式（3-5）：

$$y_{i,t} = y_{i,0} + \sum_{w=1}^{t} \sum_{\substack{j=1 \\ j \neq i}}^{N} d_{ij}\left(y_{j,w-1} - y_{i,w-1}\right), i = 1, 2, \cdots, N \qquad (3\text{-}5)$$

由此我们可以得出，个体在 t 时刻的消费态度是由个体的初始态度和个体之间的相互影响共同决定的。而个体的初始态度不受任何外物影响，它只与员工自身的年龄、性别等自身所具有的属性有关。式（3-5）的后一项代表个体之间的相互影响作用，从时间的维度来看，这是一项能够持续影响个体行为态度的因素，并且，随着时间的累积，该部分的作用会呈现出一个累加的趋势。当然，每个个体对同一事物所持的态度并不一定相同，所以，后一项的影响中可能存在影响之间的正负相互抵消的现象。我们在传统多元线性模型的基础之上加入了个体之间的相互影响因素之后，就得到了式（3-6）：

$$\boldsymbol{Y}_{t+1} = \alpha \boldsymbol{D} \boldsymbol{Y}_t + \beta \boldsymbol{Y}_0 + \boldsymbol{\varepsilon} \qquad (3\text{-}6)$$

其中，$\boldsymbol{Y}_t = \begin{bmatrix} y_{1,t} \\ y_{2,t} \\ \vdots \\ y_{n,t} \end{bmatrix}; \boldsymbol{D} = \begin{bmatrix} d_{11} & d_{12} & \cdots & d_{1k} \\ d_{21} & d_{22} & \cdots & d_{2k} \\ \vdots & \vdots & & \vdots \\ d_{n1} & d_{n2} & \cdots & d_{nn} \end{bmatrix}; \boldsymbol{Y}_0 = \begin{bmatrix} y_{1,0} \\ y_{2,0} \\ \vdots \\ y_{n,0} \end{bmatrix}; \boldsymbol{\varepsilon} = \begin{bmatrix} \varepsilon_1 \\ \varepsilon_2 \\ \vdots \\ \varepsilon_n \end{bmatrix}$。

α 和 β 是外生变量和内生变量的系数，个体的初始态度是由个体自身的属性数据决定的，由式（3-5），我们可以将式（3-6）进行整理得式（3-7）：

$$\boldsymbol{Y}_{t+1} = \alpha \boldsymbol{D} \boldsymbol{Y}_t + \beta \boldsymbol{b} \boldsymbol{X} + \boldsymbol{\varepsilon} \qquad (3\text{-}7)$$

在 $t \to \infty$ 的时候，式（3-7）变成 $\boldsymbol{Y}_\infty = \alpha \boldsymbol{D} \boldsymbol{Y}_\infty + \beta \boldsymbol{b} \boldsymbol{X} + \boldsymbol{\varepsilon}$，也就是说，当时间趋近于无限长的稳定时刻，用户的消费态度影响可以用式（3-8）来表示：

$$\boldsymbol{Y} = \alpha \boldsymbol{D} \boldsymbol{Y} + \beta \boldsymbol{b} \boldsymbol{X} + \boldsymbol{\varepsilon} \qquad (3\text{-}8)$$

设 $\boldsymbol{\mu} = \beta \boldsymbol{b}$，则式（3-8）变形为

$$\boldsymbol{Y} = \alpha \boldsymbol{D} \boldsymbol{Y} + \boldsymbol{\mu} \boldsymbol{X} + \boldsymbol{\varepsilon} \qquad (3\text{-}9)$$

其中，$\boldsymbol{Y} = \begin{bmatrix} y_1 \\ y_2 \\ \vdots \\ y_n \end{bmatrix}; \boldsymbol{X} = \begin{bmatrix} 1 & x_{11} & x_{12} & \cdots & x_{1k} \\ 1 & x_{21} & x_{22} & \cdots & x_{2k} \\ \vdots & \vdots & \vdots & & \vdots \\ 1 & x_{n1} & x_{n2} & \cdots & x_{nk} \end{bmatrix}; \boldsymbol{\mu} = \begin{bmatrix} \mu_1 \\ \mu_2 \\ \vdots \\ \mu_k \end{bmatrix}; \boldsymbol{D} = \begin{bmatrix} d_{11} & d_{12} & \cdots & d_{1k} \\ d_{21} & d_{22} & \cdots & d_{2k} \\ \vdots & \vdots & & \vdots \\ d_{n1} & d_{n2} & \cdots & d_{nn} \end{bmatrix}$。

通过以上推导，我们获得了经典濡染模型。该模型将员工之间的相互影响作用列入考察的范围，认为员工的行为和工作态度是由个人的初始态度和员工之间相互影响的持续影响共同决定的。已经有大量的学者将经典濡染模型应用在实证

研究上，并利用经典濡染模型解释了大量的社会与自然现象。在对经典濡染模型的参数估计方面也有着较为成熟的方法，其员工关系网络与变量的关系如图 3-3 所示。

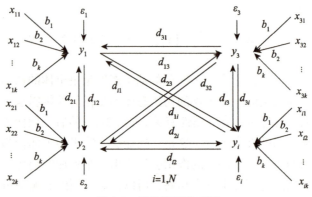

图 3-3　濡染模型关系图

现实中员工的社会网络是不同主题下员工关系的集合，不同群体行为和工作态度对员工个体行为会具有一定的影响，基于上述的理论推论，群体行为对个人行为具有一定的影响，而多个个人行为在某个网络内的聚集形成群体行为。因此，我们提出理论假设。

H_6：员工群体行为对员工个人行为具有影响。

Granovetter（1978）的门槛理论预设了理性的个体行动，经过示范效果，可以变成集体行动。人际网络则主要传播这个微观的行为活动，从而个体理性抉择变成了集体行动，而且在不同的集体结构形态中会产生不同的集体行动结果。企业的社会嵌入是客观存在和理性行为的统一。企业嵌入网络后，社会会对企业产生自发的形塑作用，以外取和内化等机制和形式，来应对组织悖论和社会不确定性，使员工个体行为转化为企业的整体秩序，进而形成内外部关系和谐有序的企业范式（李怀斌，2009）。行动者处于某种社会网络中，这种社会网络中蕴含着行动者可资利用的社会资源；当行动者为了某种经济活动而动用这些资源时，嵌入性就开始产生作用（王凤彬和李奇会，2007）。当员工嵌入组织网络当中时，其可动用资源的容量由于群体间互动的活动而改变。员工会通过与周围的人际社会网不断交换信息，搜集情报，受到影响，改变偏好，所以行动者既是自主改变其行为，也嵌入在互动网络中受到社会结构的制约，也就是个人决策会受到群体行为的影响，而互动行为产生的资源交换活动对个人创造力具有促进作用（Perry-Smith，2006）。

3.2.3 研究构念及变量测量

1. 员工的整体网络构建与测量

员工在组织中的网络一般可分为工作网络与情感网络，工作网络是组织为了实现创新目标通过组织架构形成的，这个网络以工作为中心，情感网络是员工基于个人的兴趣、偏好和经历，以及员工的个人属性特征自由聚集起来的社会网络或称为自组织网络，两类网络的形成机制不同，通常在组织中工作网络与情感网络能够有效的重叠或高度相关当然最为理想，因此，我们需要通过构建不同主题下的员工网络及相互关系，分析员工属性及行为是如何影响员工社会网络的形成，从制度上推进工作网络与情感网络相互支持和重叠。

员工个人的创造力离不开员工所处的社会网络，因为人是生活在现实世界，员工网络的形成一定会受到员工相互间的行为及个人属性的影响，关于员工不同主题下的社会网络形成机制很少有学者进行实证，其原因主要是整体网络构建十分困难，以及员工联系本身也具有较强的不确定性。

组织的创造力或创新绩效来自组织中员工个人创造力的集合，目前，关于个人创造力如何转化为组织创造力的研究还没有达成共识，相关研究结论还需要更多的实证。我们的研究从员工个人层面出发，探讨员工网络结构与关系的形成机制，以及个人行为是如何受到网络结构与关系的影响，然后研究企业的整体研发网络如何影响组织的创新行为。由于员工的个人网络结构与整体网络结构特征之间存在一定因果关系，因此，基于组织整体网络的个人行为与组织行为也会存在关系，我们可以在结构与行动之间搭起"桥"，也可以在个体与集体之间搭起"桥"，通过分析关系与社会网络结构，微观个体行为到宏观的社会现象之间的过程机制得到显现和说明。从这个意义上来讲，社会网络分析方法是研究关系和探讨中国管理本质的最佳方法（罗家德，2011）。

本书以多家企业中与知识员工聚集的相关部门，包括企业的设计部、研发部和运营部等作为员工网络边界，收集多个企业的整体关系网络数据，通过 UCINET 软件计算个人网络位置特征和整体网络的特征向量值，加入概念模型当中作为自变量进行研究。其中，本书以企业研发部门作为基本单位对所有网络数据进行数据标准化。本书主要通过 6 个问题来构建 6 个不同主题的社会网络，让被测者填入在每个问题中与其有关系的成员。这 6 个问题分别为工作讨论网、意见咨询网、工作帮忙网、娱乐网、聊天网和倾诉网。笔者根据每个网络交流的主题不同，借助 Ibarra 和 Andrews（1993）提出的企业员工网络划分的概念，将其划分为两大类型网络，一是工作咨询网络，主要讨论与工作有关的内容，包括工作讨论网、意见咨询网和帮忙网；二是情感网络，主要交流与私人情感有关内容的网络，包括聊天网、娱乐网和倾诉网。接下来，笔者将介绍个体层面和组织层面的网络变量的定义。

有关社会网络研究中使用的个体层面的网络变量常用的有程度中心度、中介中心度、亲近中心度等。其中，网络程度中心度是由网络节点的出度中心度与入度中心度构成，本书称之为员工网络节点的出度和入度。

网络程度中心度与中介中心度是计算一个人在网络中最主要的两个个体结构指标。程度中心度经常用来衡量一个人在网络中是否是中心人物。这样的人在社会学意义上就是最有社会地位的人；在组织行为学中，则是最有权力的人。拥有高程度中心度的人，在网络中具有一个重要的地位。程度中心度是一个比较简单的指数。它的计算方法是由 Freeman 在 1979 年提出，并将程度中心度分为两种算法，一是绝对的度数中心度，另外一个是相对的度数中心度。绝对度数中心度是指与某点直接相连的其他点的个数；而相对度数中心度是指点的绝对度数中心度与网络中节点的最大可能的数之比，相对数可以对不同网络规模中的节点进行比较，减少由于网络规模差异过大所带来的研究误差。利用绝对度数中心度进行多个网络节点比较分析是没有意义的，员工网络大小不同，某个节点的联结其他节点数会相差很大，因此，本书将采用相对度数中心度进行研究。具体公式如下：

$$C_D\left(n_i\right) = d\left(n_i\right) = \sum_j X_{ij} = \sum X \qquad (3\text{-}10)$$

$$C_D' = \frac{d\left(n_i\right)}{g-1} \qquad (3\text{-}11)$$

式（3-10）是绝对程度中心性，它是某行动者与他相联结的其他行动联结数累加，X_{ij} 是行动者 j 与行动者 i 的关系。式（3-11）是相对程度中心性，它是个体的绝对中心性与其在网络中的可能关系数的比值，这种计算方法便于在不同规模的网络之间比较。g 代表网络中行动者总个数，$g-1$ 则代表该网络中个体行动者最大可能的联结数。

程度中心度还经常分为出向程度中心度和入向程度中心度两种。出向程度中心度是一个节点承认对外关系数量的总和。当一个个体向许多人发出直接相连时，就是该个体单方向向其他点发出直接相连，我们就说这个人具有较高的出向中心度。它表示的是一个人向外界寻求帮助或者关系联结的程度系数。而入向中心度是其他节点承认对某一节点有关系的数量总和。其表达的是由多少人会向某一个个体发出联结数目，也就是有多少个体直接向该个体发出直接相连。当个人的入向中心度比较高的时候，说明很多人都向他寻求帮助或发出关系联结，间接说明这个人拥有较多的资源，网络中的人乐意主动与他建立联结。至于计算方法我们还是应用式（3-10）和式（3-11），只是计算时我们需要考虑行动者的方向，把出和入分别相加再带入公式计算。

中介中心性是衡量一个人作为媒介的能力，也就是占据在其他两人快捷联结方式的重要位置上的人，把彼此之间没有直接联结的其他行动者联结起来。中介中心性测量的是某人在其他两个人之间的最短的或者最长的联结路径，表明潜在的职位权力，说明了中间人可以控制和影响这两个人交换信息的能力（Bambina，2007）。如果一个网络有严格的切割，形成了一个个分离的组件时，就会形成我们所说的结构洞。如果有一个人在两个分离的组件中间形成了连带，我们俗称为桥（罗家德，2010）。如果一个人占据这样的位置越多，说明他越重要，因为在这个网络中只有通过他才能实现不同的员工沟通。当然，在这个位置上的人也说明他被别人信任的程度，如果大家都乐意经过他去与其他人沟通或实现与他人的信息交换，说明这个人在这个网络中具有非常重要的角色。中介中心性的标准计算公式如下：

$$C_B(n_i) = \frac{2\sum_{j<k} g_{jk}(n_i)\big/ g_{jk}}{(g-1)(g-2)} \qquad (3\text{-}12)$$

其中，g_{jk} 表示行动者 j 达到行动者 k 的捷径数；$g_{jk}(n_i)$ 表示行动者 j 达到行动 k 的快捷方式上有行动者 i 的快捷方式数；g 表示此网络中的人数或者称为网络规模。

针对员工关系强度的测量方法有很多（彭建平，2012），主要有两种方法，一种是直接将关系强度分为强关系和弱关系，直接让被测者选择其同网络中其他人的关系，最后统计每个人所拥有的强关系和弱关系；另外一种方法是打分的方法，让被测者感知和网络成员的关系强度，分数越高则关系越强。在中国的情境下，直接询问个人与其他人的关系过于敏感，但是应用员工社会网络来进行测量员工在网络中的节点及联结所具有点权与边权，这类复杂网络构建有相当大的难度，所以本书将采用打分的方法来让被测者描述其组织内部的员工间关系强度。

本书有关员工间网络关系强度的测量量表主要是由 Levin 和 Cross（2004）研究中测量关系强度中的成熟量表而来。该量表包括三个问题，主要通过员工自我评价的方式，测量员工关系强度，该强度以一个企业作为边界，让员工感知其企业内部员工间的关系强度。该量表也是利用李克特（Likert）5 点计分的方法来测量这些条款。

我们通过问卷构建员工网络，获取员工在不同情景下的联系，然后，对员工整体社会网络进行构建，如图 3-4 和图 3-5 所示。从图 3-4 和图 3-5 的描述和员工网络的转换，我们可以直接导出不同主题下的员工网络图。

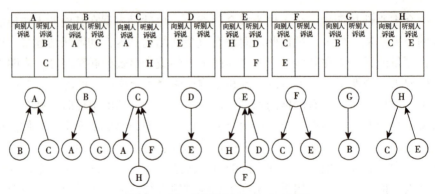

图 3-4　员工倾诉网个人关系示意图

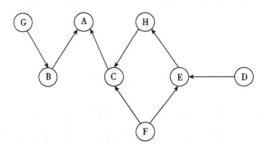

图 3-5　员工倾诉网络示意图

在我们的研究中，我们首先通过问卷提出 6 个问题，让员工在部门中根据他的个人偏好选择与自己经常有交流的员工。例如，你经常在组织中会主动帮助谁，在组织中谁会主动帮助你等，为了减少员工的思考时间，所有问卷会罗列出该部门所有员工的姓名与对应的编号，问卷回收后，我们可以获得图 3-4，而通过图 3-4，我们能转换成图 3-5。在网络图中的个人称为节点，他们之间的社会联系称为关系（Snijders，2001）。

从获得的员工网络图（图 3-5），我们可以利用社会网络特征值的定义直接计算员工的个人网络特征和整体网络特征，如员工的程度中心性、中介中心性、员工网络密度、员工不同网络密度方差等变量。

2. 员工行为测量

Senge（1997）认为，知识分享并不只是一方给予他方某些东西，或者是从他方身上获得什么，相反的，真正的知识分享行为表现在一方真正愿意帮助他人去发展新的行动能力，如创造力或创新能力。本书认为在 Senge（1997）的观点下，知识分享行为就是为了帮助他人学习，是一种施教的活动。因此，本书认为知识分享内涵包括自愿分享个人的知识、向他人分享学习的机会和鼓励他人学习。本书将采用郑仁伟和黎士群（2001）编制的有关知识分享行为的成熟量表作为测量知识型企业中员工知识分享意愿行为的量表。具体量表可查看对应的论文。

知识分享量表分为三个构面，分别是鼓励他人学习、分享个人知识和尽可能帮助他人获取知识，采用李克特 5 点计分的方法来测量这些条款。问卷要求被测者按 "1~5" 的数字来填写， "5" 表示非常认可， "4" 表示较认可， "3" 表示基本认可， "2" 表示较不认可， "1" 表示不认可。

创造力本身就是一个非常复杂的变量，而且具有很大的差异性，到现在为止都没有一个大家认同的概念。创造力的定义大概有三种不同的内涵，包括关注创造力的过程、关注创造者本身能力和关注创造力产品本身。本书将创造力定义为员工产生新颖并有效解决问题方法的能力。创造力离不开员工知识的吸收与基于已有知识的新知识发现与重构。

本书主要采用 Kirton（1976）开发的测量创造力行为的量表，具体采用员工自我评价的方式。该量表引入了中国人工作环境的设置（Danis and Dollinger，1998）。该量表包括 8 个测量变量条款，其中有一个反向测量条款 "我喜欢事情逐步变化"，这可以保证问卷的有效性，提高问卷效度。该量表也是采用李克特 5 点计分的方法来测量这些条款。具体测量条款请参考文献中对应的论文。

组织行为学家 Borman 和 Motowidlo（1993）提出应将员工职务绩效划分为任务绩效（task performance）和关系绩效，他们认为任务绩效是指组织所规定的行为或与特定作业有关的行为，即职务说明书中所规定的任务的完成情况。关系绩效是指一种心理和社会关系的人际和意志行为，是一种有助于完成组织工作的活动，包括自发的行为、组织公民性、亲社会行为、献身组织精神以及对工作的非正式任务活动的自愿行为。关系绩效好的员工对组织会有好的忠诚度，同时，对组织的研究网络中的正式网络与非正式网络会具有积极的影响。对员工关系绩效的测量模型我们选择 van Scotter 和 Motowidlo（1996）已开发出的成熟量表，该量表目前已被大量的学者引用，且王辉等（2003）对其进行了标准翻译和回译，并进行了实证检验。

3. 整体网络特征

在整体社会网络研究中，一般研究变量选择整体网络密度、网络规模和网络平均可达性等作为组织层面上的网络变量，代表的是整个网络的结构特征。衡量整体社会网络的变量有很多，本书主要选取网络密度、平均可达性和网络密度方差作为组织层面上的变量，探讨在不同主题下的整体网络结构对个体行为变量的影响。以下将简单介绍网络密度和网络密度方差的含义及测量。

（1）网络密度。网络密度实际上就是实际关系数目除以理论上最大关系或网络节点联结数目。如果整体网络的密度越大，该网络对其中行动者的态度、行为等产生的影响可能越大。但是联系紧密的整体网络不仅为网络中个体发展提供资源，同时也会成为限制个人发展的力量。本书就企业知识员工聚集部门所形成的员工社会网络为研究对象，探讨员工社会网络的整体特征和个体特征如何影响个体行为。

（2）网络密度方差。本书将通过方差公式计算单个企业中员工所组成的不同网络的密度方差。研究员工网络主要分为工作咨询网络和情感网络，笔者根据文献回顾，提出用网络密度方差作为研究组织层面整体网络紧密程度的变量。当企业网络密度方差小的时候，说明该企业员工在不同的网络中参与程度和联结密度相似并有一定的重叠性，而当企业的网络密度方差大的时候，说明该企业员工在不同网络中的紧密程度不一致，如员工可能在工作网络中交流频繁，但是在具有情感性质的网络中交流缺失。本书将寻找什么员工网络密度及网络密度方差对员工个人创造力具有积极的影响。

在本书中，笔者将收集的网络数据通过 0-1 矩阵方式来构建员工网络矩阵，将矩阵导入 UCINET 软件中计算网络特征值。根据前面假设，笔者通过 UCINET 软件计算出每个网络中节点的出向和入向程度中心度、中介中心度，作为个人网络结构变量。同时，笔者也通过软件计算每个企业中员工整体网络的密度，并在企业内部计算该企业员工所组成的这 6 个网络之间的密度方差。将这个网络密度方差值作为每个企业组织层面的自变量，也就是员工网络间差异性程度的变量。

3.3　整体网络特征与组织行为

知识型员工整体网络是组织形成创新团队实现协同创新的关键。基于文献回顾，员工的整体网络特征对组织创新绩效存在不同程度的影响。基于研发创新团队的网络整体结构特征是如何影响创造力的研究虽然有许多研究成果，但结论还存在一定的争议，如组织内部的强联系还是弱联系更有利于创新还需要更多的实证。虽然，上面讨论了个体特征对创造力的影响，但是整体网络如何影响组织的创造力及规律还需要深度挖掘。

3.3.1　理论假设

1. 嵌入性与创造力

员工创造力是嵌入在企业整体网络中，必然受到员工整体社会网络不同程度的影响。其中测量社会影响力的特征主要有结构内聚性和结构同型性（Marsden and Friedkin，1994）。已有相关研究发现，整体网络特征对创新有关活动具有一定的影响（Burt，2004；Obstfeld，2005；Uzzi and Spiro，2005；Fleming et al.，2007）。Pirola-Merlo 和 Mann（2004）认为，个人创造力是通过个体累积效应影响团体创造力，并且团体创造力与组织创新绩效正相关。因此，本书认为嵌入企业网络中的个人创造力和企业整体网络特征的相互作用可通过累积效应对企业创造力产生影响。

Uzzi（1997）发现员工嵌入性强度与企业绩效呈现倒 U 型分布，员工网络嵌入关系过强会影响企业绩效，嵌入性太弱则会导致关系无法形成。随后，许多学者认为关系嵌入强弱与创新绩效之间存在二元的关系（Perry-Smith and Shalley，2003；McFadyen and Cannella，2004；Leenders et al.，2003）。Perry-Smith 和 Shalley（2003）实证检验了个人创造力与网络位置符合循环生命周期的二元关系规律。McFadyen 和 Cannella（2004）研究发现生物医药领域的研究者在过去 5 年时间内与同一合作学者发生 1.56 次合作的时候，其知识创造会达到一个峰值，而更多的交互作用会带来效益递减。Zhou 等（2009）提出弱关系数量与创造力呈倒 U 型曲线关系，个体的一致价值观起到调节作用。员工嵌入在网络当中，当其关系太弱的时候，不利于建立信任。

关系性嵌入最初所指的就是人际关系，它的核心特征是信任（Granovetter，1992）。借用组织和个人层面的关系嵌入型研究，信任仍然是其本质，一个网络的信任存量越高，其合作和分享的行为也越多，尤其在知识分享上（Tsai and Ghoshal，1998；Sparrowe et al.，2001；黄海艳和李乾文，2011）。根据经济学效益递减的理论，任何经济行为收益都会有一个峰值，当期边际收益递减的时候，再继续这种活动，个体的收益则会下降。因此，员工关系嵌入强度带来的行为收益也会有一个峰值，当达到峰值后，继续加强该关系的强度则会使总体收益下降。王长峰（2009）在他的研究中发现网络中心性对企业创新绩效有直接的正面影响，网络密度与企业创新绩效之间存在着一种非线性的关系，而陈向东和田珂（2011）认为强关系和弱关系应有一定限制，若无限增强强关系反而会增加不必要的交易成本，导致企业绩效下降，同样，弱关系网络的边界也决定了企业交易成本的投入量，影响企业绩效。

信息技术的飞速发展，使个体不仅仅嵌入数字网络中，同时也嵌入在社会网络中，两个网络相互作用，对个体行为产生影响（Agarwal et al.，2008）。大量企业通过数字平台来改善和提升组织的创新能力，已有许多研究发现 IT 应用水平的高低对组织的绩效有显著影响，而针对企业如何选择和提升 IT 应用水平，彭建平（2012）认为企业信息系统的应用水平必须与自己的管理能力要素相匹配。IT 本身不能为企业带来任何价值创造，只有与业务流程融合，才有帮助企业实现价值创造的可能。因此，我们认为 IT 应用水平高低对企业绩效具有调节作用，通过 IT 的导入和应用并与员工网络关系和管理资源要素结合或互动，来促进员工的知识分享并改善员工的沟通网络，推动企业创造力的提升。

通过企业深入调研和访谈，笔者发现当一个组织在 IT 应用水平不断提升时，可更利于员工通过技术平台方便地进行信息交流和沟通，给知识分享带来效率和价值，同时成为员工改善情感关系的桥梁。彭建平（2011）通过案例研究发现，员工的电子邮件网与员工的关系绩效、员工的工具性网络和情感网络具有显著的正相关关系。

企业的创造力来自企业员工的创造力的集合、员工的学习能力和企业中员工间的知识分享氛围及员工的社会网络等因素，企业创造力的强弱是多因素叠加的结果，近几年来有大量学者对企业创造力的机制进行了讨论，获得了许多有意义的结论。

从 20 世纪 80 年代开始至今，学者们对团队创造力内涵的研究还没有达成统一，而如何促进团队工作是学者们一直追求的方向（Edmondson and Nembhard, 2009）。针对怎样的网络结构才更有助于企业创造力和绩效的提升这一问题，学者们得到的答案不同，因此，进行大规模的实证来构建一个统一的理论对帮助企业利用员工网络来获得创新绩效具有积极的现实意义。

针对企业员工异质性的研究，Gilson（2001）认为，在异质性团队中工作的个体创造力高于那些在同质团队中工作的个体，同时，异质性高的企业便于知识分享和扩散；新的认知投入、不同人格特质的结合以及新的人际互动的效果有利于提高团队整体的创造力绩效。Dalton 和 Todor（1979）认为，团队异质性能够增强团队柔性和适应能力，同时避免技术发展停滞、思维封闭等给团队绩效带来的负面影响。Paulus（2000）则提出团队的异质性可以促进不同观点的产生，能提高创造性解决问题的能力。

有关网络结构对创新的影响，van der Aa 和 Elfring（2002）提出了网络联结与知识创造和扩散的影响机制；Meagher 和 Rogers（2004）通过网络的结构和功能对网络聚合创新能力的影响进行了研究；王端旭等（2009）通过实证发现团队内部网络联系强度对团队的创造力存在显著影响；而陈子凤和官建成（2009）构建了专利发明者之间的网络，其实证结果显示较短的平均路径长度和较强的小世界性，会促使更多的创新产出。企业员工互动强必然有较高的员工网络密度和较短的平均路径，然而网络的异质性反映的是员工个体特征在企业中的平均差异程度。

基于上述讨论以及员工在企业中形成的社会网络，我们可以获取员工的交流频率或联系强度和员工的异质性，作为员工在企业中的两个网络特征，并提出以下假设。

H7：员工网络联系强度和异质性对创造力具有影响。

2. 知识分享质量与创造力

Drucker（1993）指出企业所拥有的、且唯一独特的资源就是知识。特别在对创新要求高的团队中重要的团队互动变量是隐性知识共享。对个体创造力的研究发现，知识在创造过程中起着十分重要的作用，是创造力不可缺少的组成部分。而且，知识通过作用于创造过程的不同阶段影响创造力。在各类知识中，隐性知识应当引发我们的高度关注。隐性知识对创造力有独特的价值。隐性知识是指个体通过亲身实践得到的、不易言传的经验，隐性知识带来的个体洞察与经验分享有助于创造过程所需的异质知识（Leonard and Straus，1997）。从认知的角度来讲，创造的过程是一个思维发散与收敛的过程。这与个体的认知风格有一定关系，但是也受个体所处的知识环境影响。从感性经验中得来的、有洞察的隐性知识对于深入分析问题的本质有重要意义，因其在本质上更富有异质性，故属于个体独特的知识。团队成员愿意分享独特信息的程度被视为团队发散思维能力的一种表现。分享独特信息有助于成员将以往的设想重新组合起来，并把它们应用到现有工作中，创造出新的方案。现有研究认为，成员可以通过知识共享的过程来获得彼此间的知识技能，提高自身的创造力，促进团队的想法生成过程来提高团队创造力。

Nonaka 和 Takeuchi（1996）基于分析日本创新型企业的成功经验，提出了通过组织内的知识共享提高企业创新能力主要有四种模式——社会化、外化、组合化和内化。Andrews 和 Delahaye（2000）则认为个体间的知识共享有助于个体与组织的学习，而学习能力是创新能力的基础。Ipe（2003）也指出拥有不同知识的个体相互作用可以产生远高于个体所能达到的组织创新能力。Lin（2007）认为，员工自愿的进行知识收集与贡献和企业的创新能力高度相关，企业创新需要广泛的知识共享，这样才能使执行新思路、流程、产品或服务得以实现。然而，信息时代是一个知识爆炸的时代，大量知识的涌现对员工正确选择所需要的知识提出了新的需求，因此，知识分享质量就会显得相当重要，杨玉浩和龙君伟（2008）在对员工知识分享测量模型中提出了知识分享质量的构念，认为好的知识分享质量是保证员工知识分享行为的一个极为重要的维度。同时，知识分享质量高可以节省员工的时间，缩短企业创新周期，从而提升了企业的创造力。因此，我们提出以下假设。

H_8：企业知识分享质量对创造力具有显著正向影响。

3. 企业 IT 应用水平的调节作用

随着企业信息技术的广泛采纳，学者们对 IT 应用水平直接或间接地影响知识分享的效果进行了讨论。有学者认为 IT 应用水平对知识分享具有正向影响（Hendriks，1999；Hansen，1999；夏火松和蔡淑琴，2001；van den Hooff and de Ridder，

2004），但是也有学者实证发现其影响并不显著（Connelly and Kelloway，2003；Zarraga and Bonache，2003）。本书的逻辑是假设知识分享质量和员工整体关系对创造力和创新绩效具有影响作用，根据项目小组的企业访谈和调研，我们发现，当一个组织在 IT 应用水平更高时，员工更易于通过技术平台进行信息交流和沟通，为员工间的知识分享带来效率，并为企业带来价值创造，IT 的采纳与深度的应用可强化他们在现实中已经建立的感情关系。在这里必须言明，组织内部的 IT 虚拟平台中的信息交流是建立在基于现实中的员工关系拓展上，不同于其他互联网社区中人与人虚拟关系的建立。在此前提之下，本书认为 IT 应用水平可正向调节知识分享水平，又在员工整体关系上起到一定的调节作用。

近些年来随着 IT 技术的发展，IT 在企业中占有越来越重要的地位，一些企业通过 IT 来构建核心竞争力。信息技术在企业中的深度渗透，使创新环境不断获得改善。因此，IT 应用水平对于一个企业的创造力、创新活动有很重要的调节作用，它能提高企业创新绩效的总效应。

企业或组织都生存在社会网络和数字网络中，而网络会影响人们的行为，同时，行为又会影响网络的结构。因此，近几年来许多学者对网络与行为相互影响进行了大量的研究。例如，Hahn 等（2008）分析了社会网络对开源软件开发项目的新成员的吸引的影响；Jeyaraj（2007）探讨了个人接受和影响组织中 IT 采纳与传播的过程，以及确定在社会网络中影响 IT 传播和吸收的因素；Bampo 等（2008）证明数字网络的社会结构对病毒式营销活动的成功有显著的影响。这些论文共同揭示了网络对技术、行为、经济方面的挑战和影响，有助于我们了解这种网络力量如何被利用（Agarwal et al.，2008）。

当前，大量企业采纳信息技术，虽然 IT 应用水平不同，但是，通过数字平台帮助员工改善知识分享质量，当员工获得技术信息的质量越高，其创新的成功率就越高（符正平和周文亮，2010），同时，对提升企业知识管理水平有显著的促进作用。例如，Hansen（1999）认为，建构信息技术平台的作用在于将企业运行过程中产生的大量似乎无序的文档或信息编码，以某种逻辑方式加以有序化，组织形成知识数据库，方便其他组织内部成员使用；夏火松和蔡淑琴（2001）的观点与 Hansen 相似，认为知识共享的条件是要建立知识共享平台，基于网络计算的知识获取、存储、处理与共享，以及数据库、知识库和信息系统的安全；van den Hooff 和 de Ridder（2004）认为，计算机中介沟通技术的利用会通过显著影响组织承诺，进而对知识共享产生间接影响。由此，促进创造力提升。因此，我们提出以下假设。

H_9：企业 IT 应用水平对知识分享质量影响企业创造力具有显著的调节作用。

整体员工网络是组织实现其战略目标的保障，因此，组织的整体网络特征与创造力的关系讨论，对帮助企业优化和调节现有网络结构来实现创造具有积极的现实理论意义。虽然，有学者针对创新网络的特点提出了一些观点，但多环境下的实证非常必要。我们根据理论文献的回顾，可以获得归纳出组织层面的研究假设，其具体研究模型见图 3-6。

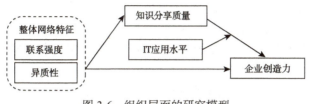

图 3-6   组织层面的研究模型

3.3.2   研究变量测量

基于文献回顾，影响组织创造力的因素非常多，组织的创造力是员工个人知识的重构和创造力的叠加，企业中研发员工知识的分享与重构是组织获得创造力的关键，员工整体网络本身会影响员工的知识分享效率和效果，同时，非正式网络对正式网络本身也会造成一定的影响，因此，员工的整体网络结构与员工的整体关系通过员工各类知识的分享来创造新的产品成为我们的研究路径。

企业的目标是为顾客带来价值创造，组织通过对不同类型员工的聚集，通过研发网络和创新网络生产顾客需要的产品或提供顾客所需要的服务，实现组织的价值创造。在组织进行员工研发网络构建的同时，带有自由意识的员工会通过工作网络去结识组织中的其他员工，并根据各自的偏好自组织形成非正式网络，而网络的整体特征与他们之间的关系如何影响员工们总体行为，最终影响组织的创新绩效是我们需要探讨的重要内容。创造力是企业最为重要的核心能力，它关系到企业能否生存和持续发展。而企业创造力又受多种因素影响，如何推动企业创造力的改善和提升一直成为企业界和学术界共同关注的重大问题，对于这类问题的讨论，多数研究基于传统经济学理论出发，从个人和组织属性寻找提升企业创造力为突破口，通过建模和统计方法检验影响创造力的关键因素，然而由于多数研究主要关注个人和组织属性特征，而忽视了组织中员工关系和网络特征对创造力的影响，导致一些研究结论需要进一步的检验。

基于研究假设，我们需要定义和测量组织层面的研究对象，同时，随机抽取研究对象构成我们的研究样本。基于文献回顾，研究对象定义如下。

创造力是在一定的任务情境下，以组织方式整合各成员知识与能力，通过互动和协作产生新颖、独特、适用的成果而表现出来的整体特性和在创造性成果中的体现（王黎萤和陈劲，2010）。

知识分享质量是指企业员工分享的知识与工作相关性、准确性和及时性等。杨玉浩和龙君伟（2008）通过对 6 个问题项进行验证性因子分析（comfirmatory factor analysis，CFA），检验了测量模型的有效性。

企业 IT 应用水平是指企业应用信息技术的广度和深度两方面的成熟程度。它与企业信息化成熟度的概念不同，前者关注的是企业信息技术应用领域的成熟过程，后者不仅关注前者的内容，还关注信息化管理体制和人员等方面的成熟过程（肖静华和谢康，2007）。

企业员工联系强度是指由于企业流程把不同的员工聚集起来为企业创造价值时，员工之间所产生的友谊、工作和互动等关系。企业中员工间越团结，互动程度和依赖度越高，员工间的关系紧密程度越高（王端旭等，2009）。

企业员工之间的异质性是指企业中员工间工作经历、教育背景和认知等方面的差异，这种差异越大，企业部门员工间的异质性越高（Harrison et al.，2002）。

对于上述构念，我们分别选择成熟测量模型对研究对象进行测量，其中，企业创造力量表，我们选择王端旭等（2009）在 Chen 等（2008）研究成果上对创造力量表进行修正和检验后，由此构成的企业创造力测量模型；知识分享质量，我们直接选择杨玉浩和龙君伟（2008）开发的成熟量表；企业 IT 应用水平则是在肖静华和谢康（2007）提出的模型上进行修正，引用彭建平（2010）使用的测量模型；员工联系强度和异质性，我们直接采用王端旭等（2009）在前人研究的基础上修改并通过实证检验的测量模型。

3.4　研究方法

传统的经济学研究问题通常会构建因果变量的经济学模型来解释因果关系，其中多数应用线性模型来讨论管理经济问题，然而，当代关于员工整体网络特征与联系强弱对创造力的影响存在争议，因此，选择什么样的模型把员工的行为特征与社会网络特征纳入同一模型进行讨论需要对研究变量进行变换，以判定研究变量间适合什么模型展开讨论。

3.4.1　员工整体网络形成与网络的相关性

从上述讨论可知员工的社会网络是多个不同主题网络的集合。目前，针对员工社会网络的形成多数研究通过计算机仿真获得，这与现实存在较大的差距，员工社会网络的形成与众多因素有关，把企业中的所有员工看成社会网络的节点，而员工与员工的联系看成一条边，通过问卷或现场调查再利用相关软件可获得企业员工某个主题的整体社会网络。我们以某企业整体员工不同主题网络为例，构建不同员工网络形成的随机概率模型。假设某个主题社会网中员工 i 指向员工 j 有一个连接，则影响这个连接的随机概率模型为

$$\log it \frac{p}{1-p} = \sum_k \beta_k Z_k(y) \qquad (3\text{-}13)$$

式（3-13）表述了员工 i 指向员工 j 的概率受到连接双方的个人属性特征与行为的影响，其中，连接 y 我们用二元关系描述，当第 i 个员工指向第 j 个员工时，$y_{ij}=1$，否则 $y_{ij}=0$。y_{ij} 是在员工节点 i 指向节点 j 间的一个变量。$Z_k(y)$ 是与边相连的两个节点 i 和 j 的第 k 个体属性特征、行为特征和网络特征。

对员工不同的整体社会网络进行回归分析，可以获得不同矩阵的相关性，以及一个矩阵和多个矩阵间的线性关系，同时可对模型的解释系数 R^2 进行评价，寻找其他网络对某一个网络的解释或支持程度。我们利用 UCINET 提供的 QAP（quadratic assignment procedure，即社会网络分析方法）的方法进行回归分析，其原理和算法可参考刘军（2009）的介绍。

在企业中由于员工偏好不同，员工间的交流会导致员工不同主题下的整体社会网的形成，而员工整体社会关系网对工作交流网又会提供不同的社会支持，形成互动的关系。利用社会网络分析方法的方法我们讨论员工其他网络如何影响工作咨询网，构建回归模型如下：

$$\boldsymbol{\omega}_j = \alpha + \sum_{i=1}^n \gamma_i \boldsymbol{\omega}_i + \boldsymbol{\varepsilon} \qquad (3\text{-}14)$$

其中，$\boldsymbol{\omega}$ 表示 0，1 构成的员工关系二值矩阵；$j=4$，5，6 分别表示员工工作帮忙网、工作意见征询网和工作讨论网；$i=1$，2，3 分别表示娱乐网、私下倾诉网、聊天网。

借助上述模型我们可以寻找不同主题下员工网络与网络之间的关系，帮助企业通过操作员工网络资源，防止员工间的冲突和突发事件，保证组织有稳定的执行力和创造力。

3.4.2 员工个人层面的研究

社会网络分析方法把人置于社会网络中研究人的行为，可避免"社会性孤立"的假设。不少学者在研究员工绩效时考虑了社会网络因素，并通过实证研究发现员工社会网络特征对员工的绩效存在一定的影响（彭建平，2011）。学者们认为

嵌入是将社会关系视为一种"场"，在网络中的行为都受到"场力"的影响，魏江和郑小勇（2010）发现，企业创新相关行为会受到不同场的制约或刺激从而影响企业的创新绩效。员工作为一个经济单元嵌入在组织网络中，其个人行为肯定要受到嵌入网络特征的影响，其中，个人网络程度中心性对员工关系绩效存在一定的影响（彭建平，2011）。

Cross 和 Cummings（2004）发现组织内知识型员工的工作绩效受到组织内关系特征和网络结构特点的共同影响，组织中信息网络和认知网络的中介中心度与个人绩效显著正相关。Sparrowe 等（2001）的研究发现，处于工作咨询网络中心位置的员工，其工作绩效会比处于网络外围的员工高，其进行本职外工作的热情程度也会比较高，也就是说，咨询网络的中心度对员工任务绩效和关系绩效都有正向影响。Ahuja 等（2003）通过实证研究发现，网络中心度在功能角色、地位等正式组织结构对绩效的影响方面起着中介作用，高地位同时伴随着较高的工作绩效和较高的网络中心度。

在研究社会网络对员工工作绩效影响的基础上，部分学者分别探讨了社会网络对任务绩效和关系绩效的影响。陈荣德（2004）通过实证研究发现咨询网络中心度与情感网络中心度对关系绩效有正向影响。由于任务绩效与关系绩效关注的重点不同，任务绩效侧重的是员工本职内的工作，主要与员工的经验、技能和工作能力等相关，而关系绩效侧重的是员工本职外的工作，要求员工具有较高的积极主动性，因此，社会网络对两者的影响也会体现出不同之处。企业中员工社会网络结构位置中的咨询网络中心度与情感网络中心度对任务绩效与关系绩效都有正向影响（刘楼，2008），然而情感网络对任务绩效是正向的影响作用，而对于关系绩效的两个维度却体现出不同的影响效果。刘楼（2008）通过研究发现，情感网络对人际促进有正向的影响作用，而对于工作奉献的影响却是负向的。

针对员工嵌入，学者们提取了员工关系强弱（Uzzi，1997；Hansen，1999）、结构洞（Burt，1992）、中心度（Krackhardt，1992；Ibarra and Andrews，1993；罗家德，2010）、对个体行为的影响，总的来说，目前将组织内社会网络结构特征中心度与社会网络类型情感网络、信息网络和咨询网络结合起来分析组织内个人社会网络结构位置对个人绩效的影响已成为基本的研究趋势（姚俊，2009）。

创造力是嵌入网络中的社会过程（Amabile，1996；Woodman et al.，1993；Perry-Smith，2006）。在工作环境中社会支持和人际互动会带来员工间的社会影响，由此，人际互动会对创造力产生重要影响。同时，一些有关创造力研究发现与不同个体进行沟通和互动能促进创造力（Amabile，1996；Woodman et al.，1993）。个人对创造力的认知过程强调个体会想尽办法从自己周边网络中获取与创造力相关的能力或资源解决遇到的问题。当个体拥有更多与领域有关知识时，他可以提高其辨别出存在问题的潜在解决方案，从而提高其创新绩效的概率（Mumford and

Gustafson, 1988; Simonton, 1999）。近年来，学者们普遍认为知识和创造力之间的关系如同地基与大楼之间的关系，万丈高楼平地起，一个人只有积累了足够的知识才会具有高创造力（Wynder, 2007; Sternberg and Lubart, 1995）。Sternberg 和 Lubart（1995）提出了创造力投资理论，该理论认为创造力的充分展现需有其他资源辅助，才能将隐藏在个体内的创造潜能激发出来，这些辅助资源分别是智能、知识、思考方式、人格、动机和环境。因此，在这个意义上，知识是创造力的源泉和决定因素，而创造力则是基于现有知识的积累过程（王莉等，2011）。

由于员工的嵌入必然会形成正式和非正式社会网络，而个体在网络中的结构和员工间的关系对许多结果变量存在影响，如知识分享行为和个体绩效（彭建平，2011; Sparrowe et al., 2001）、晋升（Burt, 1992）和主动离职（Feeley et al., 2008）等，通常学者们把员工个人在网络中的位置作为描述员工个人嵌入特征的重要参数，根据 Granovetter（1973）提出的嵌入性理论研究框架，我们构建模型对员工的结构嵌入与关系嵌入在调研的基础上展开计量分析。

员工的结构嵌入对员工创造力的影响可使用（3-15）线性模型进行研究，具体模型如下：

$$y = \alpha + \sum_{j=1}^{3} \sum_{i=1}^{6} \beta_{ij} Z_{ij} + \gamma_1 x_1 + \gamma_2 R + \sum_{k=1}^{4} \delta_k w_k + \varepsilon \qquad （3-15）$$

其中，y 表示员工个人的知识分享行为或创造力；Z 表示在此基础上构建工作讨论网、工作意见征询网、工作帮忙网、娱乐网、倾诉网与聊天网进行研究；$i=\{1, 6\}$ 分别代表不同的网络；$j=\{1, 3\}$ 分别表示程度中心性出度与入度、中介中心度；R 表示员工关系；w_k 表示控制变量；$k=1, 2, 3, 4$ 分别表示员工学历、年龄、性别和员工不同整体网络密度方差。

3.4.3　群体行为对个人行为的影响

Granovetter（1978）的门槛理论预设了理性的个体行动，经过示范效果，可以变成集体行动。根据前面的文献回顾，组织中存在正式组织和非正式组织，其中正式组织是受组织文化、制度等内化因素约束，而非正式组织的产生符合社会自发组织的理论，如哈耶克认为，社会是以自生自发的方式发展起来的人际关系秩序，个人自由是这个社会形成的前提和助推器（Hayek, 1973）。因此，组织中员工会不受组织制度、文化约束而自由地以各种各样的方式联结起来。例如，以感情、性格、爱好相投为基础形成若干人群或小集团，这些群体不受正式组织的行政部门和管理层次等的限制，也没有明确规定的正式结构，但在其内部也会形成一些特定的关系结构。因此，员工行为既嵌入在组织制度文化建立起来的正式网络当中，也嵌入在多个因不同特质组建的非正式网络当中，如一个组织中可能出现多个情感子网。

根据社会资本理论，学者们发现网络特征对企业技术创新和产品创新有促进作用（周晓，2007；Tsai and Ghoshal，1998；Maskell，1999；Landry et al.，2002；魏江和郑小勇，2010）。企业创新性活动离不开员工个人的创新活动，有关企业创新研究发现，隐性知识分享成为企业提升核心竞争力的突破点（柳飞红等，2009；魏江和郑小勇，2010；Khan and Jones，2011）。由于人际网络间的隐性知识传递一般建立在信任基础上，而在组织当中情感连带这些非正式关系的建立有利于建立信任（Jones and George，1988；罗家德，2006）。同时根据米勒（2000）的组织传播理论，非正式网络中信息传播具有可靠性和有效性。对于管理者来说，组织的非正式网络是与正式科层系统相异的资源结构，借此可以获得不同于正式系统的信息。在组织中，员工通过建立信任关系的网络进行隐性知识传递，从而提高个体创新活动的效率价值。在个人层面上知识转化对绩效是有正向影响的（张鹏程等，2009）。当个体获取信息的效率提高了，个体通过知识整合能力转化知识将其用于创新性活动的效率也会提高，从而影响创造力和创新绩效。因此，本书认为员工建立的多个非正式子网络或小集团可以通过影响个人的行为，促进个人在正式网络中的个人行为表现。

员工都是嵌入在组织正式网络中的，但是非正式网络是动态变化的。根据小世界理论，员工非正式网络建立主要是为了资源有效利用，当网络中资源无效利用出现并达到崩解点的时候，整个网络会崩盘，然后动态重新组合成新的非正式网络形态，以致恢复资源有效利用的和谐有序状态。而根据社会互动（Krackhardt and Brass，1994）的正向影响原则，员工进行社会互动建立非正式网络的主要目的是对自己产生积极、正向的影响。但是，其影响是正是负需要进一步检验。

员工嵌入在组织中，员工个人的认知、学历、先赋地位等个人属性特征的差异会导致小集团或圈子的形成。马斯登和佛莱德金（Marsden and Friedkin，1994）提出可以运用结构内聚性与结构同型性来测量社会影响力，并推演出濡染模型作为社会影响力的研究模型，其模型如下：

$$Y_j = \beta_{0j} + \sum_{i=1}^{4} \alpha_j \omega_{ij} Y_j + \beta_j Z_j + \varepsilon_j \qquad (3-16)$$

其中，Y 表示员工创造力或知识分享行为；i 表示员工不同的社会网络；j 表示企业；w_i 表示这一群人（同一部门）之间两两关系所形成的社会关系矩阵；Z 表示控制变量；$w_i Y$ 表示与某人有关系的其他人的关系属性总值，即圈内人个体行为的加总。模型的意义在于个人的行为态度或属性会受到网络中其他成员的行为态度或属性影响（罗家德，2010）。应用濡染模型，可以深入探讨个人行为属性是否会受到不同网络中其他成员的行为影响。

模型（3-16）反映了员工嵌入组织后所形成的小集团的集团行为对员工个人的影响，但是员工的小圈子中集体行为对员工个体行为的影响是否也会对员工创造力和知识分享行为产生影响，需要进行检验。因此，可以对模型（3-16）进行拓展，增加 ωX 项，探讨与某人有关系的其他人的行为总和是否对员工创造力造成影响。

$$Y_j = \beta_{0j} + \sum_{i=1}^{6} \alpha_j \omega_{ij} Y_j + \sum_{i=1}^{6} \beta_j \omega_{ij} X_j + \beta_j Z_j + \varepsilon_j \qquad （3-17）$$

其中，Y 表示员工个人的创造力；X 表示员工的知识分享行为；ω 表示根据问卷构建的员工网络矩阵；$i=\{1, 6\}$ 表示不同的网络，分别为工作讨论网、工作意见征询网、工作帮忙网、娱乐网、倾诉网与聊天网；j 表示某企业；Z 表示控制变量。

3.4.4　组织行为对创造力影响及模型的选择

针对组织层面的假设和变量的定义，为了有效地解释研究变量间的逻辑关系，我们可以假设变量间存在线性关系：

$$y = \beta_0 + \beta_1 x_1 + \beta_2 x_2 + \beta_3 x_3 + \varepsilon \qquad （3-18）$$

其中，y 表示企业的创造力；x_1 表示员工联系强度；x_2 表示员工的异质性，x_3 表示知识分享质量。

企业大量的 IT 应用系统采纳为企业的管理创新和知识扩散提供了机会。一些学者认为 IT 应用水平的改善能提升企业绩效，但是是直接提升还是间接提升？彭建平（2012）认为 IT 应用并非能为企业直接带来价值创造，它必须与自身的管理要素相结合才能为企业带来绩效。因此，我们提出模型（3-19），检验 IT 应用如何调节企业的创造力，具体模型如下：

$$y = \beta_0 + \beta_1 x_1 + \beta_2 x_2 + \beta_3 x_3 + \beta_4 IT + \beta_5 x_3 IT + \varepsilon \qquad （3-19）$$

其中，y 表示企业的创造力；x_1 表示员工关系；x_2 表示员工的异质性；x_3 表示知识分享质量；IT 表示 IT 应用水平；x_3IT 表示两者的乘积项。

我们之所以选择 IT 可能会调节知识分享质量与创造力的关系，是因为知识分享质量可以提升企业知识分享的效率，如借助 IT 系统来存储、分发和筛选员工所需的知识，可以减少员工的搜索成本，在一定的程度上可大大改善创新环境。目前，许多企业在知识管理平台上进行了大量的投入，有效地支持了创新活动，我们希望通过假设检验，揭示 IT 的采纳及高水平的应用如何推动创新行为。

3.4.5　模型有效性检验

以上研究是基于研究变量间存在线性关系，然后对模型参数进行估算，以解释自变量如何影响因变量的机制，然而，现实生活中研究对象之间是否存在其他的非线性关系，即因变量与自变量是否存在更为合理的数学模型。基于上面文献的回顾，企业员工网络结构特征与关系对创新的影响具有非线性特征，一些社会学理论认为员工关系太强，即高度社会化不利于获取外部知识，员工间的知识冗余量高；员工关系太弱，无法协同，每个人都有自己的创新思维，缺乏创新的交集和员工们的共识。因此，针对研究变量具体可能存在的函数关系，我们需要根据数据集的数据寻找合理的计量模型。针对因变量对自变量的影响存在什么函数关系，我们可以利用学者 Carroll 和 Ruppert（1981）基于 Box-Cox 提出的检验方法，先进行变量变换，然后估算 λ 的取值，再探讨线性模型是否能被接受，如果线性模型不能被接受，我们则需要对假设模型进行非线性变换再进行模型的参数估计。

在计量经济学中，当研究对象的函数关系不确定时，对应研究变量变换有许多方法，如倒数变换、指数变换等，而这些变换都可以通过一个公式而统一起来，这就是 Box 和 Cox 在 1964 年提出的 Box-Cox 变换方法，其形式为当 $\lambda \neq 0$ 时，$\dfrac{\left(y^{\lambda}-1\right)}{\lambda}$；当 $\lambda=0$ 时，$\ln y$。

显然，该变换在 $\lambda=1$ 时，为线性模型；在 $\lambda=0$ 时，为对数变换；在 $\lambda=-1$ 时，为倒数变换，而在 $\lambda=0.5$ 时为平方根变换。

这里我们约束每个变量的变换参数相同，假设扰动项服从同一正态分布，且相互独立。我们用极大似然估计，得到的估计量更为有效。此时，变换模型的扰动项 ε 的联合密度函数为 $f(\varepsilon)=\left(2\pi\sigma^{2}\right)^{-n/2}\exp\left(-\varepsilon'\varepsilon/2\sigma^{2}\right)$。

那么 y 的联合密度函数为

$$f\left(y\right)=\left(2\pi\sigma^{2}\right)^{-n/2}\exp\left(-\frac{\left(\dfrac{y^{\lambda}-1}{\lambda}-\beta_{0}-\beta_{1}\dfrac{x_{i}^{\lambda}-1}{\lambda}\right)'\left(\dfrac{y^{\lambda}-1}{\lambda}-\beta_{0}-\beta_{1}\dfrac{x_{i}^{\lambda}-1}{\lambda}\right)}{2\sigma^{2}}\right)\left|\frac{\mathrm{d}\varepsilon'}{\mathrm{d}y}\right|$$

$$（3\text{-}20）$$

这里 $\left|\dfrac{\partial\varepsilon'}{\partial y}\right|$ 是变换的雅克比行列式，容易验证 $\left|\dfrac{\partial\varepsilon'}{\partial y}\right|=\prod y_{i}^{\lambda-1}$，代入式（3-20）得似然函数：

$$\ln L = -\frac{n}{2}\ln 2\pi - \frac{n}{2}\ln \sigma^2 - \frac{1}{2\sigma^2}\sum_{i=1}^{n}\left(\frac{y_i^{\lambda}-1}{\lambda}-\beta_0-\beta_1\frac{x_i^{\lambda}-1}{\lambda}\right)^2 + (\lambda-1)\sum_{i=1}^{n}\ln y_i$$

　　Box-Cox 变换无论是基本式还是扩展式，需要估计一个参数 λ。而对 λ 的估计，有两种计算方法，一种是最大似然估计，另一种是 Bayes 方法。本书不对两种方法的理论和过程进行推证，仅使用统计软件 Stata 12 分别对变量进行变换，如果 $\lambda=1$ 被推翻，不能接受，我们的研究模型将选择非线性模型，具体使用可参见 Peng 等（2011）的研究。

第4章 员工嵌入性与创造力

组织的创造力来自员工个人创造力的集合,作为组织中的个体,由于其经历、喜好、学历和接受教育的程度等不同,导致员工的网络关系及联系强弱的不同。在员工社会网络中,员工关系及所处网络位置对员工个人行为的影响以及群体行为对员工个人行为的影响将是本章探讨的主要问题。

4.1 员工数据收集及检验

从研究设计一章可知本书研究的问题分为二个层面,即员工个人层面和组织层面,因此,研究问卷和数据的采集将通过多套成熟问卷分别采集,针对个人层次的研究,我们首先选择了近18家企业的研发部门进行员工个人问卷调研,然后回收个人调研问卷,根据个人问卷以企业部门为边界,构建员工整体社会网络并提取员工的个人网络特征和部门整体特征。

样本调查集中在2010年1月到2013年6月,调查的对象主要是企业知识型员工聚集的研发、设计和项目管理等部门。该问卷以部门员工作为调查对象和组网边界。具体做法是将该企业研发部门或设计部门作为构网和研究边界,将该部门所有人名编号列在问卷上,让员工根据问题回答后由主管进行回收,最后笔者通过UCINET软件建立员工网络矩阵并获取不同企业研发部门整体网络变量和员工个人的网络结构变量。网络问卷的设计借用学者们的前期研究及企业员工网络分类维度。网络问卷有6个不同的问题用来测量不同主题环境下员工与员工的网络关系,有关问卷参见对应的文献。

问卷发放通过委托人将问卷发到企业部门的每个成员手中,并由委托人核实问卷的有效性,由于有些企业的部门员工填写问卷数量没有达到该部门员工数量的80%以上,由此所构成的网络问卷来构建员工网络与现实存在差异。我们在3

年多的调研中共回收了 18 个企业研发部门的员工个人问卷数据,由于种种原因许多企业部门的员工问卷不能完整收回,或者收回问卷存在太多空白、个别问卷员工关系与现实存在差异,一些员工问卷的真实性通过主管或委托人的判断后不真实,因此,我们在删除这些企业的部门数据后,最终有效的企业部门数据只有 9 个,在这 9 个企业研发部门中发放问卷 580 份,回收问卷 552 份,回收率达到 95%。问卷收回后,每个企业的委托人根据各自对员工的熟悉程度,对问卷进行了筛选,剔除无效问卷和缺失数据严重的问卷。最终获得有效问卷 532 份,有效问卷率为 96%。

4.1.1 样本特征描述

本书对所收集的 532 份样本数据进行了描述性统计分析。该收集的问卷来源于 9 个企业知识型员工聚集的部门,包括设计部、研发部和外包业务技术部,针对这 9 个企业,研究团队逐个进行了相关的预研究。在这些样本企业中,有 3 个企业选择了 IT 软件开发部门,他们的工作主要是软件产品的开发;另外 3 个企业是电信服务企业,我们选择了负责为电信运营部门提供技术服务支持的研发部门;最后 3 个企业是制造业,其中,1 个选择了电梯公司的设计部门,另外 2 个是为公司电子产品设计的研发和支持部门。

经过对上述企业的调查和访问,企业的被访部门都是企业的核心部门,这些部门的主要活动是以知识加工、知识创新和传播为核心,他们通过知识的提炼、应用或重构并以知识产品或知识服务作为输出,企业的新产品、新服务及创新管理的设计都依赖于这些部门的员工来实现。因此,企业非常需要这些部门的员工具有强大的知识创造力或自主创新能力。笔者认为之所以最后收取 9 个企业的知识员工聚集的部门作为知识型员工代表是因为这些数据样本能满足统计要求,虽然从统计意义上讲数据量应该越大越好,但是由于本书需要构建员工网络,而这类数据部分会涉及个人的隐私,难以获得真实的数据,我们虽然调查了 18 家企业,经过严格审查后真正有效的只有 9 家,而这 9 家企业中还有非常少量的数据缺失,我们应用均值代替。具体该样本行业分布情况如表 4-1 所示。

表 4-1 样本行业分布情况

行业	企业数量/个	回收问卷数目/份	问卷百分比/%
软件产品开发	3	158	29.70
IT 外包服务	3	191	35.90
电子产品研发	3	183	34.40
总计	9	532	100.00

我们针对所收集样的 532 份问卷的员工属性变量进行了分类汇总。工龄方面和教育程度方面分别缺失数据 4 份和 2 份，极少量的数据缺失对整体研究来说不会影响研究结论。具体员工分类信息参见表 4-2。

表 4-2　样本企业员工属性数据分布情况

变量名称		总数/人	百分比/%
性别	男	374	70.30
	女	158	29.70
年龄	＜30 岁	371	69.74
	31~35 岁	111	20.86
	36~40 岁	24	4.51
	＞40 岁	26	4.89
工龄	＜5 年	275	52.08
	5~10 年	181	34.28
	11~20 年	62	11.74
	21~30 年	6	1.14
	＞30 年	4	0.76
教育程度	本科以下	196	36.98
	本科或本科以上	334	63.02

从表 4-2 样本描述中可以看到，所收集的样本中男性占百分比大，为 70.30%；而在年龄方面，年轻人居多，30 岁以下的占 69.74%，35 岁以下的百分比达 90% 以上；在工龄上，年轻员工数量也较多，工龄在 5 年以下的差不多占据了 52%，而 5~10 年的占 34.28%，大于 20 年以上的老员工只占 1.9%；而在教育程度上，本科或本科以上学历的员工占 63.02%。

4.1.2　员工整体网络特征

在对样本分布情况进行描述后，笔者利用 UCINET 软件将所收集的 9 个企业中的产品研发部门、IT 支持部门和软件项目开发部门的员工整体网络分别进行构建，每个部门在不同主题下可构建 6 个员工整体网络，并分别计算 6 个网络的整体密度，具体不同企业研发部门的密度参见表 4-3。

表 4-3　样本企业网络密度分布情况

企业编号	企业性质	gt	yj	bm	ye	qs	lt	variance
企业 1	机械制造业	0.064	0.051	0.058	0.049	0.047	0.054	0.006
企业 2	网络服务产品	0.030	0.009	0.011	0.001	0.001	0.007	0.011
企业 3	电子产品制造	0.095	0.057	0.069	0.080	0.060	0.109	0.020
企业 4	软件产品研发	0.079	0.023	0.037	0.042	0.028	0.044	0.020
企业 5	软件产品研发	0.074	0.021	0.039	0.030	0.023	0.035	0.020
企业 6	电子产品制造	0.060	0.036	0.045	0.031	0.029	0.042	0.011
企业 7	电信服务外包	0.055	0.024	0.036	0.034	0.024	0.046	0.011
企业 8	软件产品研发	0.180	0.053	0.063	0.068	0.038	0.092	0.051
企业 9	电信服务外包	0.076	0.028	0.039	0.032	0.019	0.050	0.020

注：gt 表示工作讨论网密度，yj 表示意见征询网密度，bm 表示工作帮忙网密度，ye 表示娱乐网密度，qs 表示倾诉网密度，lt 表示聊天网密度，variance 是 6 个网络的密度方差

从表 4-3 中，可知不同企业员工的网络密度存在一定的差异。例如，企业 2 的各个网络的密度都小于其他企业，说明该企业员工所建立的内部网络是比较稀疏的，员工间的交流不多，工作咨询类网与情感类网的密度都相对较低。相反在企业 8 中，每个网络的密度都比其他企业相对大些，说明该企业内部网络比较紧密，人际关系紧密，员工间有较多的沟通。除此之外，我们也看到在每个企业中，不同网络密度之间也是存在差异的。例如，在企业 8 中，工作讨论网（gt）和聊天网（lt）的密度都大于 0.05，而其他网络密度就相对较小，说明在该企业中，员工在工作上经常会进行工作讨论和交流，而且员工之间也经常聊天。而在 9 个企业部门的 6 个网络密度方差（variance）中，我们看到了每个企业内部不同网络之间的密度差异性，而且这种差异程度非常明显。例如，在企业 1 中，网络密度方差很小，员工所组建的 6 个网络的密度都是非常接近，说明员工在每个网络中的人际互动程度具有一定的相似性。但是在企业 8 中，我们却看到员工所组建的每个网络的差异程度非常明显，可以说明员工有针对性地在某些网络中维持高的互动性，而在其他网络却缺乏频繁紧密的互动。

为了寻找 9 个企业的研发部门在不同的主题下的整体网络密度是否具有一定的相似性，我们利用 SPSS 软件对 9 个群体在不同主题网络下的网络密度进行相关性分析，从表 4-4 分析结果来看，聊天网与其他网都高度相关，说明员工的聊天对象的选择在其他网络中的交流对象的选择所形成的网络密度具有高度相关，而工作讨论网络与意见咨询网和倾诉网的密度不相关。但是从总体来看，多数网络密度具有高的相关性，说明员工在交流对象的选择上不同的网络具有一定的同质性，而工作咨询类网络部分体现出组织的工作安排，所以出现工作讨论网与其

他部分网的密度相关性不强。

表 4-4　不同企业部门在不同主题下网密度的相关性

构网主题	工作讨论	意见咨询	工作帮忙	娱乐	倾诉	聊天
工作讨论	1					
意见咨询	0.636	1				
工作帮忙	0.676*	0.962**	1			
娱乐	0.723*	0.903**	0.950**	1		
倾诉	0.462	0.911**	0.941**	0.931**	1	
聊天	0.739*	0.891**	0.918**	0.975**	0.875**	1

* 5%水平下显著，** 1%水平下显著，双尾检验

注：本书采用两种方法统计显著性水平

表 4-5 反映的是企业知识型员工在不同主题下网络密度的相关性，从表中可知不同企业部门间的网络密度高度相关，说明不同企业内的员工在选择交流对象时同样具有一定的相似性。但是企业 3 的员工社会网络密度与其他企业存在一定的差异。

表 4-5　不同企业部门整体网络密度相关性

企业编号	企业 1	企业 2	企业 3	企业 4	企业 5	企业 6	企业 7	企业 8	企业 9
企业 1	1								
企业 2	0.912*	1							
企业 3	0.497	0.344	1						
企业 4	0.819*	0.818*	0.684	1					
企业 5	0.919**	0.912*	0.556	0.966**	1				
企业 6	0.985**	0.948**	0.537	0.841*	0.926**	1			
企业 7	0.822*	0.723	0.860*	0.933**	0.896*	0.843*	1		
企业 8	0.849*	0.896*	0.666	0.973**	0.957**	0.897*	0.912*	1	
企业 9	0.913*	0.882*	0.737	0.942**	0.945**	0.946**	0.949**	0.975**	1

*5%水平下显著，** 1%水平下显著，双尾检验

4.1.3　员工行为数据检验

针对员工的关系、知识分享行为及创造力应用成熟问卷进行测量，所回收的问卷我们利用 SPSS 软件对测量变量进行信度和效度分析，基于文献研究认为

Cronbach Alpha 系数在 0.6 以上即可接受，0.7 以上就有较高的信度，大于 0.8 就认为信度非常好。

最终统计结果如表 4-6 所示，知识分享总体信度为 0.909，各维度信度也大于 0.7，说明信度很高。员工网络关系强度信度为 0.871，信度都很高，表示可靠性良好。而创造力中信度也达到 0.867，但是创造力中问卷题项 4 的 CITC（corrected item-total correlation）只有 0.414，因此，删除题项 4，使信度达到更高。

表 4-6　量表的信度检验

变量名称	测量条款	CITC	删除该条款后 Alpha 系数	Cronbach's Alpha 系数
知识分享	知识分享 1	0.676	0.879	0.893
	知识分享 2	0.658	0.881	
	知识分享 3	0.700	0.878	
	知识分享 5	0.519	0.892	
	知识分享 6	0.608	0.885	
	知识分享 7	0.663	0.881	
	知识分享 8	0.728	0.875	
	知识分享 9	0.669	0.881	
	知识分享 10	0.679	0.879	
创造力	创造力 1	0.574	0.851	0.863
	创造力 2	0.672	0.840	
	创造力 3	0.712	0.836	
	创造力 4	0.414	0.867	
	创造力 5	0.647	0.843	
	创造力 6	0.630	0.845	
	创造力 7	0.724	0.834	
	创造力 8	0.543	0.856	
员工网络关系 强度	同事间关系 1	0.794	0.780	0.871
	同事间关系 2	0.787	0.786	
	同事间关系 3	0.684	0.878	

效度是测量工具能否正确反映所要测量概念的程度，也就是测量的准确性。因子分析是衡量变量建构效度的方法之一（Kerlinger，1986）。首先，本书将采用主成分分析方法来检验问卷的建构效度，在提取因子前，使用 KMO 样本测度（Kaiser-Meyer-Olykin measure of sampling adequacy）和巴特莱特球体检验（Bartlett test of sphercity）两种方法来验证样本数据是否适合做因子分析。一般认为 KMO 值大于 0.9，非常适合，0.8~0.9 很适合，0.7~0.8 适合，0.6~0.7 不太适合，0.5~0.6 勉强适合；而且 Bartlett 值的统计值显著时，可以利用主成分分析方法做因子分析（马庆国，2002）。其次，笔者将采用主成分分析方法并采用方差最大法进行因子旋转后的因子提取。在同一维度中，因子负荷值越大表示收敛效度越高。当因子负荷值小于 0.5 时，则删除该条款。当剩余测量条款因子负荷都大于 0.5，且累计方差大于 50%时，则表示测量条款符合要求（Sobel and Weiss，1970）。

1. 知识分享

在知识分享行为的因子分析中，获得 KMO 值为 0.914，大于 0.9，而且 Bartlett 值显著，说明研究数据集非常适合应用主成分分析方法做因子分析。在因子分析当中，各个问题的因子负荷都大于 0.5，因此，不用删除其他因子。在该知识分享成熟量表中，因为知识分享分为三个维度，因此将主成分设为 3 个。最后得出的旋转后因子负荷表 4-7 如下。其中三个成分的累计方差达到 71.154%，说明这三个因子能很好地解释知识分享这个变量。

表 4-7   知识分享的因子分析结果

因子名称	测量条款	提取因子		
		因子 1	因子 2	因子 3
尽量帮助他人获取知识	知识分享 7	0.816		
	知识分享 9	0.707		
	知识分享 8	0.679		
	知识分享 10	0.666		
鼓励他人学习	知识分享 1		0.808	
	知识分享 3		0.794	
分享个人知识	知识分享 5			0.878
	知识分享 6			0.618
	知识分享 2			0.548
旋转后特征值		2.579	2.091	1.734
旋转后的累计方差/%		28.653	51.889	71.154
KMO			0.914	
Bartlett			2 217.56	
Sig.			0.000	

2. 创造力

在创造力因子分析当中，笔者删除了反向条款 4，使信度获得提高。在因子分析中，首先获得 KMO 值为 0.901 和 Bartlett 值显著，说明适合应用主成分分析方法做因子分析。在利用主成分分析法之后，创造力因子分析结果如表 4-8 所示。

表 4-8　创造力的因子分析结果

变量名称	测量条款	提取因子
		因子 1
创造力	创造力 1	0.699
	创造力 2	0.787
	创造力 3	0.812
	创造力 5	0.732
	创造力 6	0.738
	创造力 7	0.812
	创造力 8	0.660
删除条款后特征值		3.943
删除条款后累计方差/%		56.325
KMO		0.901
Bartlett		1.496E3
Sig.		0.000

3. 员工网络关系强度

在进行员工网络关系强度因子分析之前，计算 KMO 值为 0.718，而且 Bartlett 值显著，因此可以进行因子分析。然后运用应用主成分分析方法做因子分析，得出只能提取一个因子，与原有成熟量表的设计一致。而且该变量的方差解释力度达到 78.558%，说明这些条款能很好地测量该变量，具体数据参见表 4-9。

表 4-9　员工关系强度的因子分析结果

变量名称	测量条款	因子 1
员工间关系强度	同事间关系 1	0.911
	同事间关系 2	0.917
	同事间关系 3	0.828
特征值		2.385
累计方差/%		78.558
KMO		0.718
Bartlett		0.829E3
Sig.		0.000

4.1.4　研究模型选择

　　员工行为测量变量通过了信度和效度要求，其研究数据集可以开展统计分析研究。然而，在后面的分析中我们是选择线性模型，还是非线性回归模型来讨论变量间的关系，需要对数据集进行检验。根据第 3 章的讨论，我们使用统计软件 Stata12 分别对员工个人行为、员工结构与关系变量进行 Box-Cox 变换，其结果参见表 4-10。

表 4-10　λ 取不同值时比较

原假设	似然估值	P 值
$\lambda=-1$	−456.64	0.000
$\lambda=0$	−408.78	0.000
$\lambda=1$	−394.47	0.930

极大似然估计 $\lambda=0.983^{***}$

***代表在 0.01 水平下显著

　　从表 4-10 的结果可知，个人层面的员工网络结构、关系变量及行为变量对创造力的影响估算出的 $\lambda=0.983$，并且显著，从检验结果来看选择非线性模型是可行的。但我们比较不同的 λ 值后，发现当 $\lambda=1$ 时，其 P 值为 0.930，不是小概率事件我们无法拒绝零假设，而基于简单性原则，选择线性模型来讨论本小节的因变量与自变量的函数关系，从统计意义上讲具有合理性。

4.2　知识型员工社会网络形成

　　本书研究的员工社会网络是具有一定边界的知识型员工整体网络，本节以某个制造业的研发部门为例，应用研究设计中的讨论，选择 Logit 模型来分析员工的个人行为及属性特征如何影响员工整体网络的形成机制，通过员工网络形成机制的发现可以帮助企业优化研发网络来改善创新效率。

4.2.1　影响员工网络形成变量

在经济学中，对社会网络形成的一般性解释主要采用博弈论的方法，认为经济个体通过权衡成本和收益来决定是否建立社会网络，只有当净收益为正时，经济个体才会建立联系，从而形成社会网络（陈艳莹和周娟，2009）。国外学者认为个体网络的形成与许多因素相关，如 Byrne（1961，1971）认为人们越相似，他们越可能互相吸引，这种吸引力对人们的社会生活有很大的影响，包括他们收到的信息类型、他们的交互体验等（McPherson et al.，2001）；Zenger 和 Lawrence（1989）观察到，年龄和技术交流的频率之间有一种关系；McPherson 等（2001）发现，在美国，人种、民族、年龄、宗教信仰、教育水平、职业和性别是友谊的影响因素。

现实生活中，影响员工社会网络形成的因素很多，为了研究的方便，我们从现有九个企业样本数据中抽取一个制造企业的研发部门员工数据进行研究。研究自变量除了员工知识分享行为、员工关系及员工的属性数据外，我们还选择了员工的关系绩效以及员工的 IT 应用水平作为自变量。

本书中讨论的员工关系绩效是指一种心理和社会关系的人际与意志行为，是一种有助于完成组织工作的活动，包括自发的行为、组织公民性、亲社会行为、献身组织精神以及对工作的非正式任务活动的自愿行为（Borman and Moto-widlo，1993）。笔者认为具有较高关系绩效的人应该乐于主动与员工进行交流，并积极推动组织员工的协同与和谐。因此，关系绩效应该对员工网络的构建有积极的影响。

信息时代，企业为了提升组织效率多数都采纳了信息技术，员工信息技术的使用会造成员工行为的演化，在秦敏和黄丽华（2010）的研究中，归纳出组织采纳 IT 后，员工使用 IT 的六种主要行为，并依据 Cooper 和 Zmud IT 实施阶段模型对六种使用行为进行了分类与特征分析，提出并探讨了企业员工 IT 使用行为的演化模式，认为随着员工 IT 使用行为从习惯性使用行为到创新性使用行为的循环上升过程是员工认知水平以及员工 IT 使用水平不断提升的发展过程，我们也认为这是一个知识的积累和分享的过程。郭彦丽等（2009）分析了员工 IT 能力的构成，认为员工的 IT 能力是技术技能和管理技能，检验这种能力对 IT 项目的实施有显著影响。员工个人 IT 能力越强，其借助公司的 IT 平台向其他员工分享个人知识、提供技术的可能性就越大，同时获取他人的知识也越便捷，这对加速形成员工的创新网络具有一定的作用。

应用数字网络来构建员工自己的虚拟社会网络，其网络的维护成本要比现实社会网络的维护成本低，一个问候或一个邮件可以使双方获得情感或工作上的支持，因此，IT 能力越强的员工越愿意通过数字网络来进行沟通和知识的交换，在当今社会，数字社交网在一些方面具有拓展和替代社会网络的部分功能。

2010 年 12 月~2011 年 1 月，我们访问了 A 公司的制造设计研发部门，该公司从事商用电梯的设计和研发，其研发部门有三个科室，员工共计有 78 人，我们发放问卷 78 份，其中回收 76 份，回收问卷占发放问卷人数的 97%，其中，员工个体特征参见表 4-11。针对回收的问卷，我们构建企业部门整体网络，如图 4-1，同时，应用 UCINET 软件提取员工在网络中的程度中心度。

表 4-11　员工特征

对象特征		A公司	
		人数/人	占比/%
性别	男	60	78.947
	女	16	21.053
年龄	<30 岁	48	63.158
	30~35 岁	23	30.263
	36~40 岁	3	3.947
	41~45 岁	2	2.632
	>46 岁	0	0
司龄	<5 年	65	85.526
	5~10 年	11	14.474
	11~20 年	0	0
	>20 年	0	0
工龄	<5 年	43	56.579
	5~10 年	26	34.211
	11~20 年	7	9.211
	>20 年	0	0
教育程度	大专以下	2	2.632
	大专	6	7.895
	本科	46	60.526
	MBA/MPM	22	29.947
总人数/人		76	

注：MBA，即 master of business administration，工商管理硕士；MPM，即 master of project management，项目管理硕士

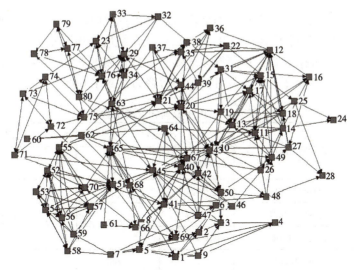

（a）A 公司研发部门员工工作帮忙网

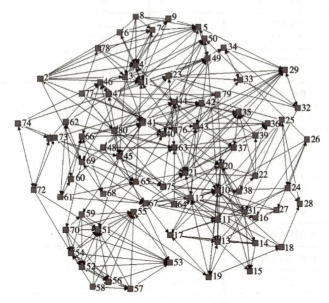

（b）A 公司研发部门员工工作讨论网

图 4-1　A 公司员工社会网络图

　　根据计算出的不同网络的程度中心度和员工个体属性测量题项，我们分别对测量构念的信度和效度进行检验，获得表 4-12。从表 4-12 来看三个测量模型的信度都大于 0.600，在效度测量中，我们先应用 Bartlett 球体检验法和 KMO 检验所选样本是否适合做因子分析，分析发现三个测量问卷的 KMO 值应大于或等于0.600，并且在 0.000 水平下显著，因此，研究对象测量题项适合做因子分析，从检验结果来看，三个构念有较好的结构效度。需要说明的是这个公司研发部门只有 78 个人，我们获得了 76 个人的有效数据，在做员工知识分享行为的测量时，样本数据较少，根据规则，我们删除了 4 个导致信度偏低的题项，使我们的因子分析不能落到三个维度上，但是对构念的解释力达到了 66%。

表 4-12　因子载荷和信度检验

	问卷题项简写	成分		信度
		特殊性知识	公开性知识	$\alpha_{总信度}=0.787$
员工知识分享行为	知识在哪里	0.824		0.790
	告诉谁有知识	0.819		
	传授培训技能	0.792		
	公司工作标准		0.868	0.658
	公司内部文档		0.741	
	外部知识传递		0.614	
	旋转后特征置	2.111	1.856	KMO=0.742
	累计解释	35.183%	66.121%	
	问卷题项简写	因子 1	因子 2	$\alpha_{总信度}=0.813$
员工关系绩效	解决工作困难	0.816		0.781
	完成工作任务	0.755		
	主动解决问题	0.753		
	鼓励同事	0.598		
	关心同事		0.872	0.610
	称赞同事成功		0.725	
	旋转后特征置	2.327	1.613	KMO=0.845
	累计解释	38.78%	65.65%	
	问卷题项简写	因子 1		总信度
员工IT应用水平	对操作系理解程度	0.887		0.719
	对办公软件的熟练程度	0.781		
	对硬件了解程度	0.729		
	旋转后特征置	1.928		KMO=0.600
	累计解释	64.260%		

4.2.2　员工网络整体特征与网络关系

针对调研问卷,我们构建了公司研发部门的六个员工社会网络,应用 UCINET 工具,对整体网络特征和网络间的相关性进行分析,获得表 4-13。

表 4-13　员工网络特征及相关性

网络名称	密度	平均可达距离	B1	B2	B3	B4	B5	B6
B1	0.049	4.437	1					
B2	0.047	4.257	0.726	1				
B3	0.054	4.480	0.648	0.725	1			
B4	0.058	3.468	0.416	0.476	0.489	1		
B5	0.051	3.640	0.365	0.424	0.397	0.656	1	
B6	0.064	3.500	0.390	0.429	0.400	0.643	0.640	1

注:六个员工社会网络在 0.000 水平下显著相关;B1~B6 分别代表娱乐、倾诉、聊天、帮忙、意见征询、工作讨论

从表 4-13 结果来看,研究部门员工整体社会网络密度不高,工作咨询类网络密度平均高于其他网的密度,员工间的平均可达距离情感类的网络大于工作咨询类网络,其主要原因是所讨论网络中的研发员工由三个专业研发科室组成,虽然科室员工在一个大楼上班,但是科室间的交流较少,下班后员工各自忙于自己的事务,因此,整体网络密度不高。而不同员工网络有较强的相关性,说明工作上的交流会产生员工间的相互了解,员工对朋友的选择更多地趋向于与自己有共同偏好的人,即工作咨询网中有良好关系的员工,在其他网络中也会有更多的交流。

企业通过招聘不同层次的员工来形成工作网络,而不同网络的形成与企业的环境、公司工作需求和员工的属性有关,因此,组织中员工网络是实现组织目标的工具,也是员工实现情感支持的平台。员工间通过什么机制来改善或提高沟通效率,减少冗余?学者们在进行了大量的研究后演化出不同的组织形式。根据我们的观察,一般在同一个团队里工作的员工相互比较了解,所以关系会比其他部门的员工总体关系强,但是如果同一个科室内没有与自己爱好相近的人,员工会去其他科室寻找有共同爱好的同事或朋友。然而,咨询网络中员工的交流和互动会增进员工的相互认知,这种认知使员工与员工间会产生一个有别于正式组织的社会网络,即组织的非正式网络。这种非正式组织对正式组织具有一定程度的影响,而非正式组织具体如何影响正式组织,又有许多研究成果,但是针对正式网络与非正式网络相互关系的量化研究相当少见。我们根据问卷的内容把构建的员工网络分为正式网络与非正式网络,并利用 UCINET 软件来量化非正式网络如何

影响正式网络。

　　我们对员工不同的工作咨询网络受情感网络影响的情况进行回归分析，可以获得一个矩阵和多个矩阵间的线性关系，同时可对模型的解释系数 R^2 进行评价，并寻找其他网络对某一个网络的解释或支持程度。我们利用 UCINET 提供的社会网络分析方法的方法进行回归分析，其原理和算法可参考刘军（2009）的介绍。

　　在企业中员工偏好不同，员工工作交流网络会导致不同的员工整体社会网络的形成，而员工整体社会关系网络对工作交流网络又会提供不同的社会支持，形成互动关系。利用社会网络分析方法的方法我们讨论员工其他网络如何影响工具性网络，其回归分析及参数估算按第 3 章提出的模型进行讨论。

　　我们应用 UCINET 软件对员工的非正式网络与正式网络进行社会网络分析方法回归，获得表 4-14 估算出的非正式网络对正式网络的影响，从表 4-14 可知，工作帮忙网会受到员工的聊天网、娱乐网和倾诉网的显著正向影响，说明员工工作外的非正式员工网络对工作咨询类网络具有一定的正向支持作用。

表 4-14　员工网络社会网络分析方法回归

	工作帮忙网 ω_4	工作意见咨询网 ω_5	工作讨论网 ω_6
常数（α）	0.026 9	0.025 8	0.032 4
聊天网（γ_1）	0.298 8***	0.180 9***	0.393 1***
娱乐网（γ_2）	0.066 4***	0.064 3***	0.062 0***
倾诉网（γ_3）	0.250 7***	0.250 3***	0.151 2***
R^2	0.273***	0.202***	0.254***
Adj R^2	0.273	0.202	0.254

***代表在 0.01 水平下显著

注：矩阵置换 2 000 次

　　从表 4-14 中我们还可以发现，员工工作帮忙网与工作意见咨询网同样受到聊天网、娱乐网与倾诉网的正向影响。其中，员工娱乐网对工作类网络的影响系数明显小于其他非正式网络，说明经常一起娱乐的员工，在具体工作上提供互相帮助的力度比其他员工网络弱，其原因是下班一起娱乐的员工并不一定在同一科室。虽然，员工的非正式网络对工作咨询类网络具有不同程度的支持，但是影响系数都不大，同时由于 R^2 不大，网络矩阵回归的解释力度小，说明组织中情感性网络对工作类网络的支持有限，可能还有其他更有影响力的员工社会网络对工作网络提供支持。

　　员工网络是组织实现创新和组织战略的工具，也是一种可操作性资源。从组织行为学的视角我们可以认为正式网络应该受到非正式网络的支持，二者融合度越大，说明组织的凝集力越强。如果二者存在差异较大，则可能导致非正式网络对正式网络的影响概率增加，造成组织目标因为非正式网络的干扰无法实现。组织中的派系或自组织的形成如果与正式网络不重叠，则可能提升组织内突发事件发生的概率，严重时甚至可能导致组织的解体。因此，重视组织中员工工作网络与非工作网络的重叠和相互支持对组织的目标实现、规避组织内的突发事件具有非常重要的现实意义。

4.2.3　员工网络形成

员工的社会网络是多个不同场景和主题网络的集合，而员工社会网络的形成机制的讨论，目前多数研究应用计算机仿真的方法来实现，这与现实存在较大的差距，员工社会网络的形成与众多因素有关，把企业中的所有员工看成社会网络中的节点，而员工与员工的联系看成一条边，通过相关软件获得的企业员工在不同场景或主题下的整体社会网络如图 4-1 所示。由于员工网络边的形成与员工的个人属性和行为特征存在一定的关系，所以我们假设员工 i 指向员工 j 有一个连接，则影响这个连接的随机概率模型为

$$\log it \frac{p}{1-p} = \sum_k \beta_k z_k (y)$$

其中，连接 y 我们用二元关系描述，当第 i 个员工指向第 j 个员工的连接存在时，则 $y_{ij}=1$，否则 $y_{ij}=0$；y_{ij} 是在员工节点 i 指向节点 j 间的一个变量；$Z_k(y)$ 是与边相连的两个节点 i 和 j 的个体属性或个体行为特征；$k=1$ 是员工的个人属性集合（司龄、教育和性别）；$k=2$ 是行为特征集合（员工关系、知识分享、关系绩效和 IT 能力）。运行 SPSS 软件解出随机概率模型系数，得表 4-15，它反映六个场景下员工的社会网络形成机制。

表 4-15　随机效应模型结果

变量（β）	B1	B2	B3	B4	B5	B6
i 司龄	−0.016	−0.051	0.012	−0.042	−0.021	−0.018
i 教育	0.082	0.015	0.042	−0.031	0.098	0.024
i 性别	−0.117	−0.087	−0.013	0.116	0.099	0.052
j 司龄	0.079**	0.054	0.065**	0.197***	0.311***	0.167***
j 教育	0.274***	0.121	0.287***	0.327***	0.459***	0.251***
j 性别	−0.308**	−0.348**	−0.224*	0.048	0.040	0.244*
i 员工关系	0.262**	0.254	0.266**	−0.020	−0.015	0.106

续表

变量（β）	B1	B2	B3	B4	B5	B6
i 知识分享	0.001	−0.042	−0.030	0.104	0.100	−0.007
i 关系绩效	−0.198	−0.065	−0.110	−0.132	−0.024	−0.084
iIT 能力	0.125	0.048	0.058	0.019	0.025	−0.049
j 员工关系	0.356***	0.382***	0.305***	0.046	−0.205	0.046
j 知识分享	−0.092	0.026	0.049	0.028	−0.012	−0.009
j 关系绩效	−0.055	−0.231	−0.157	0.144	0.361***	0.279**
jIT 能力	−0.222*	−0.332**	−0.233*	−0.195*	−0.086	−0.118
常数	−4.478***	−3.081**	−4.298***	−4.255***	−6.413***	−4.952***
员工社会网络节点				76		
可观察的边				5 700		

***、**、*分别代表在 0.01、0.05 及 0.10 水平下显著

注：i 和 j 代表联系双方，其中 $i \neq j$；B 代表员工网络，其中，B1~B6 分别代表娱乐、倾诉、聊天、帮忙、意见征询、工作讨论

从随机概率模型的参数估计可知，本书所构建的不同场景下员工网络的形成主要与员工在公司的年限、学历与员工性别存在显著关系，在公司工作年限越长的员工对公司情况越了解，越容易被员工选为交流或联系的对象，同理，学历越高的员工知识面越广，这样的员工也容易成为员工选择交流的对象，这种交流对于员工获取高层次的知识，实现企业内员工知识的互补非常重要。在表 4-15 中我们还发现员工会选择与其他员工关系好的员工进行交流，并形成不同的网络，而IT 应用能力高的员工多数可能通过数字网络与人沟通，所以对不同场景网络的形成是负影响，说明 IT 能力高的员工更多地愿意在数字网络中构建虚拟关系。这一现象在现实中可以见到很多，IT 应用能力强的人更热衷于使用网络与他人进行沟通并保持联系，因为利用虚拟网络来构建和维护自己的网络成本最低。而 IT 应用能力弱的员工由于对许多 IT 应用工具不了解，所以更多地使用传统方式构建和选择自己的社交网络。

员工娱乐网的形成与联结方在公司的工作年限、教育程度以及双方员工与他人的关系正相关，而与性别和个人的 IT 能力负相关。这说明在该公司的员工下班后的娱乐活动中不同性别的员工很少聚集在一起交流，并且 IT 能力强的员工也不乐于参与其他同事组织的娱乐活动。但是对于高学历与司龄长的员工来说，他们有主动参加活动的愿望。而倾诉网主要与员工关系好坏有关，善于与其他员工交往的个人通常是其他员工的倾诉对象，但是这个网络中倾诉对象一般是同性的概率大。员工的聊天网与员工的娱乐网的形成类似，影响聊天网形成的显著因素与娱乐网相同。至于员工的工作讨论网、帮忙网与意见咨询网形成的影响因素基本

一致，员工乐意主动与教育程度高、司龄长和关系绩效好的员工联结。而员工关系好的员工并不一定是其他员工联系的对象，这说明工作网络的形成并不是由员工的主观愿望决定，通常组织中的工作网络是公司根据项目或研发团队的人力资源需求决定的，而员工可以自发的根据自己的爱好寻求工作意见咨询对象或选择帮助对象以及交友对象。

4.3　员工嵌入特征与创造力

根据第 3 章的研究设计以及提出的概念框架分别对因果变量间的关系进行分析并提出理论假设，这些变量包括员工创造力、知识分享、员工间关系强度、员工的个人网络结构变量（工作讨论网、工作意见咨询网、工作帮忙网、聊天网、倾诉网和娱乐网 6 个网的出向中心度、入向中心度和中介中心度）、整体网络密度方差以及相关控制变量，如性别、学历和工龄。本节针对研究数据集选择研究模型并对研究模型进行参数估计。

4.3.1　变量的相关性分析

为了获取员工网络结构变量、行为变量与创造力之间的关系，笔者运用 SPSS 软件对变量进行相关性分析，如表 4-16 所示，它反映了员工行为、员工网络结构变量与关系变量的相关程度。从表 4-16 可以看出员工创造力与知识分享行为和同事关系正相关，说明知识分享愿望强并与员工有良好关系的研发者具有较高的创造力。从我们的企业访谈可知知识型员工创造力强，除个人的学历及工作经历外，其还能快速地吸收他人知识并联合团队员工进行知识重构，实现新知识或产品的创造。根据平等互惠原则和社会交换原则，要获得他人知识，要具备以下几点：首先，员工需要有交换和分享知识的愿望；其次，员工间需要有好的员工关系；最后，组织还需要有好的知识分享文化、相应的激励机制和方便知识收集的存储与分享的平台。

表 4-16　变量相关分析

变量	y	M	R
创造力（y）	1		
知识分享（M）	0.463***	1	

续表

变量	y	M	R
同事关系（R）	0.451***	0.400***	1
工作讨论网出度（x_{11}）	−0.025	0.052	0.088**
工作讨论网入度（x_{12}）	−0.080*	0.034	0.084**
工作讨论网中介（x_{13}）	0.087***	0.052	0.125***
工作意见征询网出度（x_{21}）	−0.069*	−0.050	−0.032
工作意见征询网入度（x_{22}）	0.008	0.090**	0.076*
工作意见征询网中介（x_{23}）	0.029	0.027	0.090**
工作帮忙网出度（x_{31}）	−0.039	0.035	0.000
工作帮忙网入度（x_{32}）	−0.053	0.075	0.075
工作帮忙网中介（x_{33}）	0.023	0.056	0.099**
娱乐网出度（x_{41}）	−0.009	0.010	0.173***
娱乐网入度（x_{42}）	−0.092**	0.009	0.147***
娱乐网中介（x_{43}）	0.005	0.072*	0.162***
倾诉网出度（x_{51}）	0.090**	0.120***	0.086**
倾诉网入度（x_{52}）	−0.056	0.002	0.113***
倾诉网中介（x_{53}）	0.042	0.083	0.005
聊天网出度（x_{61}）	−0.047	−0.041	0.085*
聊天网入度（x_{62}）	−0.031	0.044	0.140***
聊天网中介（x_{63}）	0.015	0.078	0.109**

***、**、*分别代表在 0.01、0.05 及 0.10 水平下显著

从表 4-16 可知，员工的许多网络结构特征与员工关系有显著的相关性，说明与其他员工有较好关系的员工在多数员工网络中的出度、入度和中介性具有正向的相关性。人们比较乐意与具有较好人缘关系的员工交流。

4.3.2 结构与关系嵌入对创造力的影响

员工嵌入性包括结构嵌入和关系嵌入，我们把员工的行为变量、网络结构变量和关系变量纳入同一模型进行回归分析。由于选择的员工结构变量非常多，所以我们选择应用两个步骤进行回归，以提取真正影响员工行为的网络结构自变量。

首先，员工网络结构变量间存在一定的相互影响，所以把所有变量共计 18 个结构变量带入模型，进行探索性分析，找出对员工创造力有显著影响的结构变量及存在多元共线性的变量。其次，利用 SPSS 软件自带的变量筛选功能，自动从自变量中筛选出对因变量没有影响的自变量并删除，然后再回归；模型通过多次筛选后所留下的自变量是对因变量影响最大的自变量；并通过比较回归表中的自变量影响系数，探讨员工的结构变量和关系变量对员工创造力的影响，如表 4-17 所示。

表 4-17　员工嵌入特征对创造力的影响

变量	模型系数	VIF
常量	0.065*	
同事关系	0.479***	1.097
工作讨论网出度	−0.101**	1.837
工作讨论网入度	−0.220***	3.773
工作讨论网中介	0.138***	1.936
工作意见征询网出度	−0.036	1.757
工作意见征询网入度	0.157**	4.351
工作意见征询网中介	−0.014	2.331
工作帮忙网出度	0.038	2.266
工作帮忙网入度	−0.025	4.818
工作帮忙网中介	0.010	2.395
娱乐网出度	−0.068	2.410
娱乐网入度	−0.132**	2.266
娱乐网中介	0.005	1.968
倾诉网出度	0.125***	1.777
倾诉网入度	−0.071	2.623
倾诉网中介	0.085*	1.610
聊天网出度	−0.132**	2.244
聊天网入度	0.048	3.119
聊天网中介	0.036	1.961
R^2	0.291	
F 值	10.938***	

***、**、*分别代表在 0.01、0.05 及 0.10 水平下显著

注：VIF，即 variance inflation factor，方差膨胀因子

从 4-17 表中我们可以发现员工 6 个主题网络的个人结构变量在一定程度上对个人的创造力存在不同程度的影响，在这 18 个结构变量中不存在严重的多元共线

性问题。为了进一步确认那些结构变量对员工创造力有显著影响，我们应用 SPSS 软件回归的自变量筛选功能，通过 10 次逐步删除对因变量没有影响的自变量，最终可获得表 4-18 中对因变量产生显著影响的自变量。

表 4-18 员工嵌入性特征与属性对创造力的影响

变量	模型 1		模型 2	
	参数估计	VIF	参数估计	VIF
常量	0.065*		−0.321***	
同事关系	0.476***	1.048	0.410***	1.127
工作讨论网出度	−0.103**	1.403	−0.100**	1.395
工作讨论网入度	−0.215***	2.772	−0.152**	2.819
工作讨论网中介	0.139***	1.657	0.116**	1.669
工作意见征询网入度	0.129**	2.611	0.064**	2.666
娱乐网入度	−0.157***	1.163	−0.119***	1.190
倾诉网出度	0.102**	1.496	0.104**	1.500
倾诉网中介	0.079*	1.308	0.026	1.290
聊天网出度	−0.137***	1.400	−0.129***	1.393
性别			0.276***	1.048
学历			0.172**	1.072
工龄			0.180***	1.143
R^2	0.283		0.326	
F 值	22.658***		17.341***	

***、**、*分别代表在 0.01、0.05 及 0.10 水平下显著

在员工 6 个不同主题的整体网络中，工作讨论网出度和入度对个人创造力的影响为负，而处在工作讨论网络中介位置强的员工，他是许多员工与员工沟通的桥梁和员工间信息的重要传播中介，同时是不同研发小组之间传递信息的通道，处在这个位置的员工在团队中会深受员工的信任，由于所处位置的特殊性，他所掌握的信息和知识会比其他员工多，所以会促进他个人创造力的提升。员工工作意见征询网入度是主动向他进行意见征询的其他员工，这类人的入度越大，说明他的技术和能力越受大家认可，大家愿意向他咨询，大量的工作意见征询为激发他的创新思维提供了新的素材，推动了他创造力的提升。员工倾诉网出度是指喜

欢向别人发牢骚或倾诉工作中不愉快事的人，通常工作压力过大、赶工或加班，会造成员工的抱怨，这种牢骚和报怨是一种工作情绪的发泄，当这种发泄被释放出来后对员工的创造力具有积极正向影响。同时，处在倾诉网络中介位置上的员工是倾诉的旁听者，并且受到倾诉员工的信任，由于信任，他能获得更多的信息从而激发个人的创新行为。

然而，我们不难理解一些网络结构特征对员工创造力具有显著的负向影响，如员工的娱乐网入度和聊天网出度等，员工娱乐网入度是大家想娱乐会主动联系的员工，在这个位置上入度大的员工，一般是单位的娱乐领袖，许多下班后的活动由他来组织，因此，许多的娱乐活动计划与思考，可能会削弱该员工的创造力，而员工聊天网出度是指喜欢"八卦"的员工，这类占据在网络节点出度高的员工多数喜欢主动聊与工作不太相关的事，所以在这个网络节点上出度高的员工相对创造力弱，其思维更多关注八卦新闻及主动与别人聊天，发展和巩固与其他员工的关系。笔者认为在聊天网络节点出度高的人在组织中可以起到调节工作中的紧张氛围，活跃研发团队，促进员工关系改善的作用。

员工关系对员工创造力有显著的正向影响，组织中和谐的员工关系，可以促进员工间的协同和互助，降低员工间无谓的内耗，促进员工间的信任。从文献中我们可以发现，好的员工关系可以大大降低员工的离职愿望，同时，员工关系越好，越能促进员工间的交流和有效知识的分享，而知识的分享有利于组织内研发团队的知识重构和员工个人创造力的提升，最终实现组织的创新。

员工创造力不仅仅受到员工所处的网络结构和员工间的关系影响，同时还与员工受到的教育、员工的工作经历有关，表 4-18 中模型 2 检验了员工创造力会受到员工的学历与工作时间长短的影响，如果员工具有较高的学历和较长的工作年限，他就具有较高的创造力，这是因为工作和知识的积累可以提升员工的创新视野，带动员工创造力的提升。而这些员工应该成为企业的宝贵财富。

4.3.3　嵌入特征与知识分享

组织的创造力来自员工的知识分享与知识的重构，新的产品或服务模式的创新需要组织中员工们的协同，利用正式和非正式网络来推动员工知识的互补、推动新知识的发现。一个高效的研发网络首先应具有较强的和高效的信息或知识分享能力，因此，员工在不同网络中的结构特征对员工知识分享行为的影响的讨论就显得非常重要。

影响员工知识分享行为的研究有许多，但是利用众多员工网络结构特征和关系来探讨员工的知识分享行为的并不多见，因为部门员工整体网络构建存在一定的难度，具体分析方法我们应用式（3-15）进行讨论。表 4-19 是员工在不同主题下 6 个整体网络中的 18 个结构变量和员工关系变量对知识分享行为影响的模型参数估计，我们把表 4-18 与表 4-19 比较，发现员工的网络结构特征对员工的创造力和知识分享的影响不同。知识分享行为更多地受到员工情感网络特征的影响。

表 4-19　员工嵌入特征对知识分享行为影响

变量	模型系数	VIF
常量	0.022	
同事关系	0.423***	1.096
工作讨论网出度	−0.022	1.845
工作讨论网入度	−0.114*	3.760
工作讨论网中介	0.007	1.934
工作意见征询网出度	−0.060	1.833
工作意见征询网入度	0.138*	4.360
工作意见征询网中介	−0.060	2.351
工作帮忙网出度	0.137***	2.290
工作帮忙网入度	0.150*	4.819
工作帮忙网中介	−0.087*	2.341
娱乐网出度	−0.124**	2.417
娱乐网入度	−0.003	2.287
娱乐网中介	0.072	1.952
倾诉网出度	0.174***	1.812
倾诉网入度	−0.149**	2.631
倾诉网中介	0.133**	1.607
聊天网出度	−0.196	2.243
聊天网入度	−0.038	3.145
聊天网中介	0.114**	1.931
R^2	0.242	
F 值	8.589***	

***、**、*分别代表在 0.01、0.05 及 0.10 水平下显著

利用 SPSS 回归模型中逐步删除对因变量影响不显著的自变量，我们最终可以获得显著影响员工知识分享行为的员工网络结构变量和关系变量，即表 4-20。从表 4-20 中的模型 1 可知，员工知识分享行为与员工的关系及其本人所处的网络结构特征有显著的关系。

表 4-20　员工嵌入特征与属性对知识分享行为影响

变量	模型 1		模型 2	
	参数估计	VIF	参数估计	VIF
常量	0.012		−0.182*	
同事关系	0.414***	1.061	0.345***	1.128
工作意见征询网出度	−0.083**	1.408	−0.105**	1.413
工作帮忙网出度	0.095**	1.498	0.106**	1.513
工作帮忙网入度	0.087**	1.325	0.128***	1.291
娱乐网出度	−0.087*	1.770	−0.063	1.844
倾诉网出度	0.169***	1.695	0.164***	1.687
倾诉网入度	−0.156**	1.604	−0.154***	1.581
倾诉网中介	0.119**	1.479	0.117**	1.491
聊天网出度	−0.199***	2.152	−0.205***	2.190
聊天网中介	0.107**	1.497	0.131**	1.568
性别			0.013	1.051
学历			0.165*	1.046
工龄			−0.020	1.125
R^2	0.283		0.218	
F 值	22.658***		9.350***	

***、**、*分别代表在 0.01、0.05 及 0.10 水平下显著

　　从表 4-20 可知，员工关系越好，越有向其他员工分享知识的愿望，工作帮忙网中出度与入度高的员工具有较高的知识分享行为，其中工作帮忙网的出度是他在工作期间有意愿主动帮助同事，而入度是其他同事喜欢找他帮忙解决工作中遇到的问题，说明处在这个网络中程度中心性高的员工有较强的分享知识的意愿。而在员工倾诉网络中喜欢向别人倾诉的人也乐于分享自己的知识或经验。员工倾诉网与聊天网中介性高的员工是乐意当倾诉者或聊天者听众的人，同时也是被其他员工信任的人，由于他们受到大家的信任和认同，所以他们会有较高的知识分享意愿。

　　员工工作意见征询网出度是员工向别人征求意见，如果他的出度高，会降低

他向别人分享知识的机会，而根据互惠交互原则，别人也会减少与他进行知识分享的机会。娱乐网与聊天网出度高的员工是主动与别人进行诉说与工作无关的事，因此，在这些网络位置出度高的员工的知识分享行为相对会降低。

员工个人属性特征对员工的知识分享行为会产生影响，其中学历高的员工知识分享的意愿相对高于学历低的员工，学历高意味着所学知识多，企业中学历高的人一般自我感觉好，在不触及个人既得利益的情况下，他比较乐意分享自己已有的知识，以换取个人在其他网络中有利于自己的位置。

4.3.4　员工知识分享行为中介作用

组织的正式网络有非常明确的目标，它通过员工的聚集来实现组织的战略或商业目标，因此，在一些关键节点上的员工就应该承担起知识分享与知识重构的作用，并组织协调好与其他同事间的关系，推动组织的创新。特别是在正式网络中，这些关键员工应该起到带头作用，他们应该能很好地理解员工们聚集的目的，即网络形成的目的、意义。由于所处的网络位置，他能够获得更多的信息或资源，所以他在分享知识的同时，应该比其他员工更具有创造力。企业员工的整体网络仅仅是工具网络，知识分享、交互和吸收导致的知识重构才是创造力实现的关键。从这个意义上我们可以更好地理解员工知识分享在员工结构与关系中对员工创造力存在的中介作用。

如何对中介变量进行检验，Baron 和 Kenny（1986）提出了检验方法，并被大量学者用于对中介变量的讨论。具体分析分为三个步骤：首先，自变量对中介变量进行回归，考察自变量对中介变量是否存在显著影响。其次，自变量对因变量进行回归，考察自变量对因变量是否具有显著影响作用。最后，如果以上两个条件都成立，将自变量和中介变量同时引入线性回归模型。如果自变量对因变量影响不显著，但是中介变量对因变量显著，我们认为中介变量具有完全中介作用；如果自变量和中介变量对因变量都显著，而且自变量回归系数小于其在第二步中单独对因变量的回归系数时，我们认为中介变量具有部分中介作用。

在上述讨论中我们发现，影响员工创造力和知识分享的网络结构特征存在一定的差异，因此，首先引入 6 个网络的结构变量和关系变量进行中介检验，其次针对显著影响创造力的结构和关系变量进行知识分享行为的中介检验。

从表 4-21 中可知，员工的网络结构对创造力的影响被知识分享部分或完全中介，员工的关系对创造力的影响被部分中介。由于表 4-21 中许多结构变量对创造力的影响不显著，我们应用上述的讨论方法，利用软件的筛选功能，把对因变量没有影响的自变量逐步删除，可获得表 4-22。

表 4-21　知识分享中介员工嵌入特征与创造力

变量	创造力（y）		知识分享（M）		创造力（y）	
	模型系数	VIF	模型系数	VIF	模型系数	VIF
常量	0.065*		0.022		0.056	1.339
同事关系	0.479***	1.097	0.423***	1.096	0.351***	1.838
工作讨论网出度	−0.101**	1.837	−0.022	1.845	−0.094**	3.796
工作讨论网入度	−0.220***	3.773	−0.114*	3.760	−0.182***	1.936
工作讨论网中介	0.138***	1.936	0.007	1.934	0.137***	1.761
工作意见征询网出度	−0.036	1.757	−0.060	1.833	−0.020	4.379
工作意见征询网入度	0.157**	4.351	0.138*	4.360	0.115*	2.337
工作意见征询网中介	−0.014	2.331	−0.060	2.351	0.006	2.291
工作帮忙网出度	0.038	2.266	0.137***	2.290	−0.001	4.849
工作帮忙网入度	−0.025	4.818	0.150*	4.819	−0.069	2.403
工作帮忙网中介	0.010	2.395	−0.087*	2.341	0.032	2.434
娱乐网出度	−0.068	2.410	−0.124**	2.417	−0.029	2.266
娱乐网入度	−0.132**	2.266	−0.003	2.287	−0.131*	1.974
娱乐网中介	0.005	1.968	0.072	1.952	−0.017	1.822
倾诉网出度	0.125***	1.777	0.174***	1.812	0.073*	2.659
倾诉网入度	−0.071	2.623	−0.149**	2.631	−0.024	1.630
倾诉网中介	0.085*	1.610	0.133**	1.607	0.045	2.290
聊天网出度	−0.132**	2.244	−0.196	2.243	−0.076	3.120
聊天网入度	0.048	3.119	−0.038	3.145	0.054	1.976
聊天网中介	0.036	1.961	0.114**	1.931	0.003	1.323
知识分享					0.301***	
R^2	0.291		0.242		0.360	
F 值	10.938***		8.589***		14.179***	

***、**、*分别代表在 0.01、0.05 及 0.10 水平下显著

表 4-22 知识分享中介员工关键网络特征与创造力

变量	创造力（y_1）		知识分享（M）		创造力（y_2）	
	参数估计	VIF	参数估计	VIF	参数估计	VIF
常量	0.065*		0.021		0.055	
同事关系	0.476***	1.048	0.411***	1.046	0.351***	1.265
工作讨论网出度	−0.103**	1.403	0.021	1.414	−0.108***	1.403
工作讨论网入度	−0.215***	2.772	−0.079	2.777	−0.190***	2.781
工作讨论网中介	0.139***	1.657	−0.034	1.658	0.150***	1.658
工作意见征询网入度	0.129**	2.611	0.129**	2.618	0.090*	2.634
娱乐网入度	−0.157***	1.163	−0.075*	1.164	−0.135***	1.170
倾诉网出度	0.102**	1.496	0.130***	1.516	0.062	1.520
倾诉网中介	0.079*	1.308	0.097**	1.293	0.050	1.318
聊天网出度	−0.137***	1.400	−0.160***	1.423	−0.089**	1.430
知识分享					0.303***	1.259
R^2	0.283		0.203		0.356	
F 值	22.658***		14.798***		28.506***	

***、**、*分别代表在 0.01、0.05 及 0.10 水平下显著

从表 4-22 中，我们可以非常清楚地看到员工网络结构对创造力和知识分享行为的影响，对同事关系与创造力被知识分享部分中介，知识分享行为完全中介员工的倾诉网出度、中介程度对员工创造力的影响，而部分中介其他的许多网络结构变量。

知识型员工整体网络是企业创新的主体，当今的创新活动需要团队的协同和员工知识的分享，由于科学的快速发展，我们需要团队成员通过对已有知识的重构来获得创新。因此，企业如何利用员工社会网络来实现员工们的知识分享和互补是实现创新的关键，从表 4-22 可知，倾诉网的出度和中介性对创造力的影响完全被知识分享行为中介，说明个人在倾诉网中的位置虽然对创造力有显著的影响，但是它被员工知识分享行为中介，当员工的倾诉多或牢骚多时，企业要给予充分的理解并允许其释放，这样可以促进员工的知识分享，而同时知识分享又可以提升个人创造力。因此，善于倾听别人的牢骚和倾诉，有利于增加员工的相互信任，增加员工间的知识分享。

知识分享行为能部分中介同事关系对创造力的影响，好的同事关系，本身能促进知识分享，进而影响员工的创造力，而工作意见征询网入度高的员工，即工作意见征询网中员工乐意向他征询意见的人，具有高的知识分享行为，部分中介

了意见征询入度对员工创造力的影响。

从表 4-22 中的 y_2 模型还可以发现员工知识分享行为部分降低了娱乐网入度和聊天网出度对创造力的影响，说明员工知识分享行为越强，越能弱化处在娱乐网入度和聊天网出度高的员工对创造力的负面影响。

4.4　整体网络密度与个人创造力

企业的创造力来自员工创造力的集合，因此，员工的工作网络及情感网络整体特征必然会影响员工行为。一个良好的工作环境及工作氛围会影响员工的创造力或创新行为，本书构建了 6 个员工在不同主题下的整体社会网络，我们选择不同企业内员工不同情境下的网络密度、平均密度和密度方差作为自变量，分析它们是如何影响员工创造力的。

从表 4-23 的模型 1 中我们发现，员工的创造力受到员工所处网络密度的影响，但是，我们选择的自变量间存在严重的多元共线性（VIF>10），导致回归结果的不稳定性。为了解决多元共线性问题，我们将员工网络分为工作咨询网络和情感性网络 2 个维度，并把工作咨询网络与情感性网络的平均密度作为自变量带入回归模型。在表 4-23 中的模型 2 中，我们可以发现员工的工作网络密度对知识型员工创造力有显著负影响，而对情感网络有显著正影响。表 4-23 模型 3 中我们加入了 6 个员工整体网络密度的方差，虽然这个变量的加入使工作咨询网络密度变量的 VIF 超过 10，存在多元共线性的问题，但是从回归模型 3 来看，三个员工整体网络变量对创造力有显著影响，模型 3 的解释力比模型 2 高，因此，我们最后利用模型 3 来解释整体网络特征对个人创造力的影响。

表 4-23　网络密度与创造力

变量	模型 1		模型 2		模型 3	
	参数估计	VIF	参数估计	VIF	参数估计	VIF
常量	−0.117**		−0.028		0.017	
工作讨论网	2.804***	199.381				
工作意见征询网	−1.250***	23.977				
工作帮忙网	0.286	44.669				
娱乐网	−0.211	206.613				
倾诉网	−0.728*	140.570				

续表

变量	模型 1		模型 2		模型 3	
	参数估计	VIF	参数估计	VIF	参数估计	VIF
聊天网	1.849**	66.119				
员工 6 个网密度方差	−3.106***	149.143			0.475***	3.006
工作咨询网平均密度			−0.566***	4.351	−1.225***	11.308
情感性网平均密度			0.674***	4.351	0.996***	7.162
R^2	0.205		0.106		0.137	
F 值	19.056***		31.090***		27.576***	

***、**、*分别代表在 0.01、0.05 及 0.10 水平下显著

企业通过经济手段聚集员工以实现组织的战略目标，而组织中员工的聚集会形成社会网络，因此，创新团队的员工整体网络结构特征对员工的创新行为就会产生非常重要的影响。从表 4-23 中可以发现，组织的工作网络密度对员工个人创造力并不能带来积极的正向影响，相反这个网络密度太大会导致信息的冗余，干扰员工创造力的发挥。因此，组织中的一个创新团队，其工作网络并非大家交流的越频繁越好，保持一定的距离，使每个人有较为独立的思维空间，可促进每个员工尽可能地展现他的创造力，太多的冗余交流反而不利于创新。相反，情感性网络与工作咨询网络不同，它是非正式网络，情感性网络密度高，使员工有亲密感，这种感觉会使员工产生信任感以及认同感，而这个情感关系的形成又会使员工产生安全感，并共同实现组织目标。由于工作咨询网络与情感网络对创造力的影响不同，所以员工在不同情境下的网络密度方差也显著影响员工创造力，这说明不同情境下的员工网络密度并非越高越好，密度太高说明员工关系过于亲密，导致不同的关系圈。然而，关系圈对组织的创新既有正向影响，又有反向影响，如果员工的工作网络与员工的自组织网络能有大的交集，对组织的发展是有益的，如果这种交集越小，组织的风险会越大，因为关系圈可能演化成派系，而派系间非常容易因观点的不同而产生组织冲突，组织冲突会使组织的执行力受到影响，严重时导致组织的解体。

企业中员工间的交流，会形成多个不同主题的网络。由于员工所处企业文化的差异，员工的学历、年龄和偏好的不同等，员工网络紧密程度必然存在差异。这种组织层面上的整体网络结构密度差异性程度必然会影响员工的行为，从我们的观察中可以发现，工作咨询网络比情感性网络相对稳定，这与企业的目标有关，但是情感性网络结构与同事关系的形成有较大的关系，而好的同事关系可强化员

工间的信任，并成为员工间实现知识共享的基石，员工隐性知识的分享更是如此。员工所组建的网络间的密度差异程度越大，员工的创造力就越高。说明员工之间所建立的工作咨询网络与情感性网络存在差异，这种差异使员工可以减少重复的信息交流和冗余，从而提升员工的创造力。通过以上讨论，我们提出的 H_5 没有获得支持。

4.5　群体行为与个人行为

员工行为会受到他所处的社会网络中其他员工行为影响，二级传播理论有效地解释了人的态度形成会受到周边人的影响，当然这种影响可能是正也可能是负。Krackhardt 和 Brass（1994）解释了群体行为正向影响为社会互动原则，而反向影响为反射排斥原则。在有关意见领袖的研究指出，我们的态度形成深受周边人际关系的影响，前面的理论讨论也证实了这个观点，群体行为对个人行为的确存在一定的影响，那些处在重要网络结构位置上的人，其行为或对事的态度会影响他人的行为，基于马斯登与佛莱德金（Marsden and Friedkin，1994）提出的濡染模型，我们来检验与某员工有网络关系的不同员工的行为集合如何影响员工个人行为。具体模型如下：

$$y = \alpha + \sum_{i=1}^{6} (\beta_i \boldsymbol{\omega}_i y + \gamma_i \boldsymbol{\omega}_i M + \eta_i \boldsymbol{\omega}_i R) + \varepsilon$$

其中，y 表示员工的创造力；M 表示知识分享；R 表示员工间的关系；ω 表示在不同情境下员工的整体关系网络矩阵；i 表示不同的网络。

我们以企业为单位来组织数据，标准化后我们把 9 个企业数据汇总，由于上述模型自变量共计 18 个，可能变量间存在多元共线性问题，因此，我们还是利用 SPSS 软件进行线性回归时自动删除的自变量对因变量影响不显著的变量，并应用 VIF 来检验或控制多元共线性问题。从表 4-24 获得回归结果。

表 4-24　员工群体行为对个人创造力的影响

变量	模型 1	
	参数估计	VIF
常量	−0.016	
工作讨论网矩阵×创造力	0.043**	1.682
工作讨论网矩阵×知识分享	0.036*	1.878
工作帮忙网矩阵×同事关系	−0.048**	2.230

变量	模型 1	
	参数估计	VIF
工作帮忙网矩阵×创造力	0.086***	2.395
倾诉网矩阵×知识分享	0.079**	5.753
聊天网矩阵×知识分享	−0.071*	6.331
聊天网矩阵×同事关系	0.070***	1.927
R^2	0.163	
F 值	14.118***	

***、**、*分别代表在 0.01、0.05 及 0.10 水平下显著

　　从表 4-24 可知，多数员工网络中，员工的群体行为对员工个人的创造力具有显著的正向影响，其中在工作讨论网络中创造力高的和知识分享愿望高的员工群体集合行为，对员工个人的创造力具有显著的正向影响，体现了员工间的正向互动社会原则和社会交换原则，工作帮忙网中群体创造力高的员工集对员工个人的影响同样具有正向影响，在员工的倾诉网中具有知识分享行为高的员工同样对员工个人创造力具有显著的正向影响，而这些群体特征对员工个人创造力的影响是值得企业管理者关注的。创造一个积极健康的创新环境，可以正向影响员工个人的创造力。

　　当然，群体行为对个人行为也存在负影响，如聊天网中群体知识分享行为高对员工创造力的影响，说明在这个网络中，知识分享行为高的群体不能提升员工个人创造力，反而会因为太多与工作无关的信息交流而影响个人创造力，即知识分享行为高的人与乐意一起聊天的人并没有交集。同理，在工作帮忙网中经常存在帮忙关系的同事间，其同事关系并不一定好，工作帮忙更多的是从工作协同角度考虑，所以大家在工作上有相互帮忙的群体与关系好的员工集合的交集对员工个人的创造力具有排斥作用。在员工关系集中，关系好的员工并不一定存在于同一个工作部门，可能分布在不同的研发或项目团队，而工作帮忙网通常出现在项目团队内部，这种情况导致群体行为并不能正向影响员工创造力。

4.6　基于嵌入性视角的员工创造力提升

　　基于统计分析，我们检验了提出的理论假设，其检验结果如表 4-25，从表中

我们发现只有 H$_5$ 没有通过检验。员工网络结构与关系对员工创造力存在影响，同时知识分享也具有部分或完全中介作用，员工的群体行为部分对员工个人的创造力具有显著的影响，这些结论为我们企业创新网络的构建具有非常重要的理论与现实意义。

表 4-25　员工层面的理论假设检验结果

理论假设	检验结果
H$_1$：员工知识分享行为和员工个人创造力显著正相关	通过
H$_{2a}$：知识型员工关系强度和员工知识分享行为正相关	通过
H$_{2b}$：知识型员工关系强度和员工的个人创造力正相关	通过
H$_{3a}$：多个员工网络的出度和入度对员工创造力存在显著影响	通过
H$_{3b}$：多个员工网络的出度和入度对员工知识分享存在显著影响	通过
H$_{4a}$：员工知识分享中介员工关系强度与员工创造力	通过
H$_{4b}$：员工知识分享中介员工网络结构和创造力	通过
H$_5$：知识型员工所构建的多个网络密度差异性越小，员工的创造力水平越高	没通过
H$_6$：员工群体行为对员工个人行为具有影响	通过

基于前人的研究，本书把企业员工社会网络分为六个主题，这六个主题网络根据它们的作用又可以分为工作咨询网络和情感网络，或者把它们称为正式网络和非正式网络。企业本身希望正式网络与非正式网络重叠，这样有利于组织政令的执行和企业文化的传播，然而，由于员工是具有个人意识的主体，员工选择加入什么网络并与谁交流，维护什么样的社交圈与员工个人的性别、经历和学历等个人属性有一定的关系。因此，员工在企业中的交流和沟通行为，以及在传递工作和情感的信息时就会存在自己的偏好。作为组织可以对这种资源进行疏导和优化，通过制度设计或文化建设来推动员工社会网络自我调节和自我组织，以形成高效的创新网络，实现组织与员工预期目标。

创新是企业永恒的主题，一个有创新活力的企业一定离不开有创造力的员工，因此，任何企业都应该从制度设计上来吸引和激励更多的优秀员工进入不同的创新团队，并最大限度地发挥知识型员工的创造力。企业通过对员工创新网络的设计可激发员工的创新精神。从员工的网络形成机制来看，知识型员工的网络形成会受到员工的教育程度、在本公司的工作年限以及员工关系绩效的影响，员工有与关系绩效高的员工建立关系的意愿，在一个创新团队中需要新老员工合理组合，既需要学历高的，同时也需要学历低的员工。相对来说，这种不同学历和新老结合的团队比单一结构的创新团队创造力要高，同时团队的网络稳定性相对较高。

学历的层次及新老结合也隐含了多层次员工知识的互补，这种互补是知识重构和协同创新的基础。

在上面的计量分析中，员工的关系对员工创造力具有显著影响，这说明好的员工关系可以获得他人的支持，这种支持具有多层含义：一方面是业务上的支持，另一方面是情感上的支持。因此，公司应该尽可能提供改善员工关系的机会，通过各种非正式活动，让员工自愿选择朋友圈，改善员工与企业领导的关系，使创新人员能获得各个层次的帮助和支持，由此来激发他们的创新热情。同时，推动员工的工作咨询网络与情感网络尽可能重叠，保证情感类网络对工作咨询类网有足够的支持。

我们一个有趣的发现是：处在工作讨论网中，出度与入度中心性高的员工对他个人的创造力具有负影响。虽然工作讨论网属于正式网络，其节点出度或入度高的人应该是有影响力的人，但是他们的创造力与他们所在的位置程度负相关，说明他们在项目中处于管理的位置；而在工作意见征询网中接受别人意见或乐意听取别人意见的人其创造力高，说明员工能根据意见迅速改进，促进了他的创新能力。在工作讨论网中介位置高的人具有高的创造力，这是因为他处在一个特殊的、可以比别人获得更多的信息和知识的位置，所以他可以有更高的创造力。但是，我们从上述讨论又会引发另外一个管理问题，即在一个项目团队中，项目主管或部门领导的创造力重要还是组织协调能力重要。创造力强的人受人尊敬，是工作网络的重要节点，如果选择他来领导团队有非常好的凝聚力，但是，他来管理团队必然会影响他个人创造力的发挥，特别是项目越大时，所涉及的项目关系人越多，各方的利益都需要均衡，他的管理工作和协调工作越多，因此，他作为领导会影响他的创造力的发挥。如果项目越小对项目主管的创造力影响就越小，因此，我们认为对于大项目，项目主管的协调的能力与管理团队的能力比个人的创造力更加重要，当然，如果项目本身相对较小，此时项目主管的创造力就显得非常重要，否则项目主管很难说服团队的其他成员一起实现协同创新。

在员工的倾诉网中，处在倾诉网出度高的员工，其创造力也较高，这反映出创造力大的员工爱倾诉和发牢骚，并通过向其他员工倾诉来释放自己的情绪。而处在中介位置上的人，其中介性高，他的创造力也较强，说明这个人一是被他人信任，二是有愿望与他人分享别人的不愉快。一般来说，人都有不顺心的时候，如果有一个让员工倾诉的地方或发泄自己牢骚的倾诉网的存在，对员工来说是情绪的释放，而这种压力的释放对员工随后的工作状态非常有帮助，它所反映出的是创造力的提升。因此，企业要允许员工的倾诉，同时作为部门领导还要学会聆听，这对实现组织正式网络与非正式网络的重叠有积极作用，对改善员工创新环境也具有积极的现实意义。

对于喜欢主动与别人聊天，并处在出度高的人，其创造力低是可以理解的，相对其他员工，可能他更关注与本项目不相关的其他信息，并乐意主动发布，虽然，这类人的行为对其个人创造力的影响为负，但是笔者认为这种员工可以有效地调节工作氛围，减轻团队的工作压力。事实上，人们都喜欢听一些小道消息，一是作为一种消遣，二是调节或舒缓工作的紧张气氛，在组织中只要不是上班时间围绕这些主题展开无节制的讨论就可以被理解。在娱乐网中，由于这类人考虑过多的外出娱乐，而成为娱乐领袖，他的创造力也会受到负影响。但笔者认为，这类人也是需要的，他可以成为研发团队的调节剂，并改善紧张的研发气氛。

企业聚集员工并形成正式网络是实现其自身目标的战略需要。当今信息时代，员工的创新离不开知识分享、吸收和重构。创新本身是知识的重构或新知识的发现，因此，员工高度的知识分享和知识的互补成为实现创新的关键。研究发现，工作咨询类网络的网络密度对员工个人创造力的影响为负，说明企业的创新网络整体密度不能正向地支持员工的创新，这样的创新环境急需改变。什么样的网络结构或整体特征有利于员工创造力的发挥一直是一个研究盲点，虽然，有学者提出员工网络关系太密或太弱都不利于组织的创新绩效，但对知识型员工而言，工作咨询类网络太密并不利于个人创造力的发挥，主观上会减少个人的创新思考。

企业研发员工整体网络对个人创造力具有显著影响，但有趣的是工作网络不如情感网络更利于员工的知识分享，这从另外一个视角说明，员工关系的好坏对知识分享行为有很大影响，情感网络是员工有选择性的网络构建，情感网络的形成与员工个人的偏好有一定的关系，情感网络出度和入度中心性的高的人有较强的知识分享愿望。而工作网络虽然有一定的影响，但不显著。因此，企业鼓励员工进行情感交流是推动员工知识分享的一个重要举措。当前，许多企业都认识到通过组织员工参加各类活动，改善整体企业内员工间的关系可推动员工间的知识分享，实现创新绩效。

知识分享行为中介员工嵌入特征与创造力，其中多数员工网络结构特征是部分中介，因为企业工具性网络或工作咨询类网络是企业为实现既定战略通过经济手段组织构建起来的现实网络，网络为员工知识分享和交流提供了便利，并促进了员工协同和创造力的聚集，知识分享部分中介说明网络中员工位置直接对创造力具有影响，网络本身具有创新的功能。而员工网络的形成特别是情感网络的形成可以加速员工间知识的分享和吸收，从而可推动员工网络结构和关系通过知识分享部分或完全影响员工的创造力。基于知识分享的中介作用，企业为了激发员工的创造力可以从情感网络的构建入手，通过促进员工的交流活动来增进员工间的相互理解，这种理解有利于员工间相互信任，而信任可以推动知识分享和交流，进而促进员工个人的创造力，帮助企业快速地实现创新绩效。

员工整体网络对员工创造力具有显著的影响，其中情感网络密度存在显著的正向影响，而工作网络密度是反向的。这个结论的管理启示是工作网络密度太高会影响员工的创造力，因为企业内高度社会化会导致信息冗余太大，重复性过渡交流而影响员工的创新效率，这与文献综述中某些研究结论是一致的，但是情感网络的社会化程度高有利于员工对企业的认同和归属感，以及员工间的相互信任并增加互助，工作网络与情感网络的密度方差大，正向影响员工的创造力，也证明了两类网络的差异是有利于员工创新行为的。

除工作帮忙网矩阵×同事间关系与聊天网矩阵×知识分享这两项外，群体行为对个人行为的影响在我们讨论的网络中多数是正向的，研究说明在一个团队中创造力与知识分享行为高的人在一起能相互影响和促进，并激发员工的创造力。因此，我们在研发团队组建时，可以尽可能考虑在条件许可的情况下，将具有创造力和知识分享愿望高的员工安排在同一个研发团队，对激发员工的创造力具有积极作用，这种安排对促进企业中员工的正能量扩散有积极的作用。关于濡染模型的实证研究，目前在国内非常少见，虽然大家认同一个优秀团队，员工的群体行为正向影响员工个人，但是实证需要在构建同事关系矩阵并与个人行为进行相乘并回归后才能找到它们的规律，本书的实证说明了一个团队，甚至一个企业培养好的文化如此重要，鼓励员工相互学习，共同进步以及正能量的扩散对推动员工创造力具有积极的现实意义。

从濡染模型的讨论，我们也发现群体行为有时会起反作用，不利于员工创造力的提升，针对这类问题，我们需要分析其存在的原因，在本书讨论的工作帮忙网矩阵×同事间关系与聊天网矩阵×知识分享这两项对员工创造力影响为负，笔者认为同事关系好的不一定在工作上能够给予帮助，而知识分享行为高的人也不一定经常在一起聊天，因此，导致这两个群体行为不支持个人的创造力。由于员工的关系好坏与员工聊天网的形成以及员工的人格特性有一定的关系，如何引导不同偏好的员工在不同的场景下分享知识和实现工作的协同、互助将是学者从心理学和人力资源管理的视角进行探讨的另外一个话题。

现实中，群体行为对个人行为存在或多或少的影响，组织中员工网络的形成及基于网络的群体行为与企业文化、学习氛围及领导风格有非常大的关系。因此，如何通过员工网络来传播正能量，减少负能量的传播对组织的创新效率具有非常大的影响，研究发现，我们所研究的9个企业内部的创新研发团队的群体行为，多数对个人创造力的影响为正，这种研发氛围值得推广。

第5章 整体网络特征与创造力

在企业运营过程中员工的聚集必然会形成不同主题下的员工社会网络，这些网络的交替呈现，产生一定程度的重叠，对组织目标的实现产生影响。然而工作咨询类网络是组织实现其战略目标的核心工具，而情感类网络通常是指员工由于个人的偏好导致员工聚集所形成的自组织网络，虽然它的形成具有较大的随机性，但是如果情感类网络与工作咨询类网络能有一定程度的重叠，对组织实现它的既定目标是非常有益的。本章通过企业整体网络特征与整体行为的问卷调查和定量分析，寻找整体网络特征与组织创造力的关系，通过整体网络特征与组织创造力关系的发现和创新制度的设计，帮助企业改善创新环境来提升组织的创造力。

5.1 企业层次的数据收集及检验

针对研究设计界定的研究对象，选择前人实证研究所形成的成熟量表，对研究对象进行测量，2010 年 3 月~2011 年 5 月，对中山大学管理学院有三年以上工作经验的 MPM 和 MBA 班的企业中层管理人员，进行现场问卷发放，共发放和收回问卷 195 份，其中回收有效问卷 167，问卷回收有效率达 85.64%。

从回收的有效问卷来看，企业层面上有近半数企业为国资背景，国有及国有控股企业共 59 家，占样本总量的 46.46%，民营企业有 27 家，占样本总量的 21.26%，外资参与企业有 41 家，占样本总量的 32.28%。从行业来看，第二产业有企业 90家，占样本统计量 53.89%，其余的为第三产业，占样本统计量的 46.11%。样本数据行业分布较平均，主要有电气、通信、机械与家电、金融等，从企业的员工人数来看，0~100 人的企业有 23 家，100~500 人的企业有 27 家，500~1 000 人的企业有 53 家，1 000~10 000 人的企业有 44 家，10 000 人以上的企业有 20 家。

为了保证所取数据可以开展计量研究，我们必须保证研究所收集的数据及测量模型满足一定的信度和效度。针对两个层次回收的问卷进行分析，我们首先对企业层面的 5 个构念进行了 KMO 检验和 Bartlett 球体检验，结果显示，每个构念的 KMO 值大于 0.5，同时，测量对象的 Bartlett 球体检验的近似卡方统计值的显著性概率是 0.000，小于 1%，说明数据集适宜做因子分析。在删除信度和效度无法满足统计要求的题项后，获得表 5-1。

表 5-1　研究变量问卷题项因子载荷和信度

测量题项简写	创造力	分享质量	员工关系	员工异质性		信度
工作原创性	0.786					
新点子	0.841					
解决问题创造性	0.822					
完成项目的方式	0.802					
学习能力	0.696					0.920
解决问题方法	0.828					
看问题的视角	0.822					
信息集成	0.818					
及时分享		0.813				
知识可靠性		0.833				
分享完整		0.857				0.869
分享知识有用性		0.818				
知识准确		0.728				
同事接触多			0.863			
交流频繁			0.918			0.841
关系融洽			0.775			
年龄差异				0.83		
职称差异				0.832		0.731
受教育差异				0.711		
团队经历					0.882	0.677
创造性思维					0.888	
KMO	0.889***	0.840***	0.650***	0.612***		
特征值	5.158	3.29	2.188	1.909	1.611	
方差解释/%	64.48	65.28	72.94	70.389		

***代表在 0.01 水平下显著

　　针对企业 IT 应用水平的测量，应用彭建平（2010）的研究成果，对测量问卷进行简化，同上述测量题项一起对样本企业进行测量，并对信度和效度进行分析，获得表 5-2。从表 5-1 和表 5-2 我们可知，研究变量满足统计分析要求，有较好的信度和效度，可以对研究变量开展计量分析研究和讨论。

表 5-2 企业 IT 应用水平问卷题项因子载荷和信度

测量题项	战略应用	基础运用	管理支持	信度
IT 部门的地位	0.790			
IT 与企业战略	0.775			
支持战略发展	0.762			0.894
内外信息集成	0.705			
应用复杂程度	0.683			
系统与知识分享	0.597			
同行中的先进性		0.828		
设施满足生产		0.797		0.854
经常升级系统		0.785		
数据完整			0.843	
及时更新			0.716	0.838
数据统一			0.686	
旋转后特征值	3.508	2.449	2.391	
累积方差解释/%	29.231	49.637	69.558	

注：KMO=0.889***，其中，***代表在 0.01 水平下显著

5.2 研究变量相关性与研究模型选择

　　应用 SPSS 软件对研究变量进行相关性分析，发现企业创造力与员工的整体网络特征、知识分享质量和 IT 应用水平正相关，其中，企业创造力与员工关系、知识分享质量和 IT 应用水平有一定的相关性，而与企业员工异质性相对较弱。针对研究对象，我们对变量的内部结构一致性进行了检验，从表 5-3 我们可以发现

研究变量间具有较好的辨别效度。

表 5-3　变量相关性

变量名	C	H	ES	KSQ	ITAM
创造力（C）	（0.75）				
异质性（H）	0.157*	（0.609）			
员工关系（ES）	0.401**	0.066	（0.795）		
知识分享质量（KSQ）	0.511**	−0.019	0.448**	（0.743）	
IT 应用水平（ITAM）	0.446**	0.099	0.314**	0.529**	（0.772）

*在 0.05 水平下显著，**在 0.01 水平下显著（双尾检验），（$\sqrt{\mathrm{AVE}}$）

针对研究设计的讨论，发现变量间存在一定的相关关系，但是我们选择什么研究模型更加合理，可以对研究数据集进行 Box-Cox 变换，并估算出λ值。如果$\lambda=1$，则选择线性模型进行讨论。根据研究设计中推出的最大似然函数，利用 Stata 软件工具输入自变量和因变量，对最大似然函数中的λ进行估算，并获得表 5-4。

表 5-4　λ 取不同值时比较

原假设	似然估值	P 值
$\lambda=-1$	−227.24	0.000
$\lambda=0$	−178.24	0.000
$\lambda=1$	−161.69	0.416

极大似然估计 $\lambda=1.177$***，其中***代表在 0.01 水平下显著

从表 5-4 可知，$\lambda=1.177$ 并显著，说明变量间存在非线性关系，但是$\lambda=1$ 的情况下，P 值达 41.60%，从统计意义上来讲，我们无法拒绝零假设，即应用线性模型也可以解释变量间的因果关系。因此，我们将应用线性模型来进行变量中的因果关系讨论。

5.3　员工嵌入特性对组织创造力的影响

为了有效地解释研究对象的逻辑关系，我们根据研究设计提出的研究模型，并应用 SPSS 统计工具，对模型进行参数估计可以获得表 5-5，从表 5-5 可知员工间的联系强度和异质性对创造力具有显著的正向影响，但模型的解释力度偏低，

当模型引入知识分享质量时，模型的解释力度增加近一倍，同时三个变量对因变量具有显著影响，我们在第 3 章所提出的组织层面的 H_7 和 H_8 获得了检验。

表 5-5　模型的回归结果（OLS 估计）

自变量	y_1		y_2	
	估计值	VIF	估计值	VIF
常数（β_0）	1.307***		0.365	
员工关系（β_1）	0.374***	1.004	0.192***	1.260
异质性（β_2）	0.139**	1.004	0.161**	1.007
知识分享质量（β_3）			0.444***	1.255
R^2	0.178		0.321	
F	17.736***		25.643***	

***、**分别代表在 0.01、0.05 水平下显著

注：OLS，即 ordinary least square，普通最小二乘法

从对模型参数估计结果可知，员工联系的强弱对企业创造力的影响大于员工异质性的影响，而员工知识分享质量对创造力的影响又大于其他两个变量，说明企业中知识分享质量对创造力的影响更大。因此，在信息时代，企业关注知识的有用性和有效性对企业创造力的改善非常重要。当今，全球知识数量正以指数模式增长，如何在企业中提升高质量的知识扩散速度对企业的管理创新和产品创新具有积极的现实意义。

组织的创造力是员工创造力的叠加，而员工的创造力是员工知识的重构或基于现有知识的新发现或应用，在当今知识爆炸的时代，任何人对知识的掌握都具有一定的局限，组织的创新就必须依靠员工的协同工作并实现知识的互补才能实现，因此，员工的异质性对创新行为就显得非常重要，从实证数据来看，它确实对组织创造力有显著影响。员工联系强度反映员工的交流与互动的频率，同时也反映了员工关系的好坏，员工联系强度与员工间的知识分享、协同创新有一定的关系，同事关系好有利于员工间的协同和高质量知识的交互，减少由于工作中可能出现的矛盾或冲突，推动协同互助的创新活动顺利进行。

表 5-5 中知识分享质量对组织创造力的影响最大，说明当今组织的创造力非常依赖于员工研发团队高质量的知识分享，随着社会的不断进步，人们对社会的认知不断深入，而创新的核心是基于原有知识的重构或新知识的发现与应用，因此，知识在组织的传递和扩散质量对于组织能否有效地吸收、复用和重组知识、实现创新就非常重要，如果在组织中员工能很好地发现、复用、传递和分享顾客知识，组织的创造力和创新活动就能迅速改善。相反，如果组织中的知识过多，一些老旧的知识可能会对新知识的吸收形成干扰信息，并削弱员工的创造力，所以知识分享的质量对组织创造力的影响需要引发组织的关注。而表 5-5 中的模型

回归较好地解释了知识分享质量对创造力的重要性。

5.4　IT 应用水平对创造力的调节作用

当今，几乎所有企业都使用了信息技术对企业的运营进行管理，虽然企业在推动其 IT 应用水平上存在差异，但是，目前企业大量的 IT 应用系统采纳为企业的管理创新和知识扩散提供了机会。我们借助模型（3-19）对 IT 应用水平的调节作用进行检验。Hsu（2014）也发现企业的竞争优势来自于 IT 应用与组织的资源要素的融合，并对此进行了实证。

应用 SPSS 软件对模型（3-19）中的参数进行估计，获得表 5-6。从表 5-6 中我们可知，模型 y_1 存在严重的多元共线性（VIF>10），虽然多元共线性不会影响回归系数的大小，但会扩大回归系数相对应的标准误差，从而导致回归系数达不到统计显著水平，使自变量对因变量没有解释意义。模型 y_1 中看到 IT 应用水平对企业的创造力没有显著影响是由于共线性。如何解决多元回归中的共线性问题，在计量经济学中有多种解决方法，如偏最小二乘法、岭回归等方法，其中最为简捷的方法之一是删除 VIF 为最大值的变量，使所有变量的 VIF<10，可逐步减少和削弱共线性问题。

表 5-6　模型的回归结果（OLS 估计）

自变量	y_1		y_2		y_3	
	估值	VIF	估值	VIF	估值	VIF
常数（β_0）	0.906		0.172		0.816**	
员工关系（β_1）	0.170**	1.281	0.175**	1.270	0.170**	1.276
异质性（β_2）	0.154**	1.088	0.139**	1.023	0.151**	1.010
知识分享质量（β_3）	0.109	17.303	0.338***	1.599	0.135	3.910
IT 应用水平（β_4）	-0.032	19.743	0.213***	1.424		
IT 应用水平×知识分享质量（β_5）	0.360	53.501			0.316**	3.858
R^2	0.353		0.350		0.353	
F	17.597***		21.839***		22.128***	

***、**分别代表在 0.01、0.05 水平下显著

在模型 y_2 和 y_3 中分别删除了 VIF 为最大值的变量，再进行 OLS 分析，从表 5-7 中的结果可知，企业 IT 应用水平对创造力具有显著的调节作用，假如在企业员工网络特征变量固定不变的情况下，企业 IT 应用水平对影响创造力的

知识分享质量的截距（$\beta_4>0$）和斜率（$\beta_5>0$）都存在正向显著影响，模型 y_2 和 y_3 分别充分说明了企业 IT 采纳条件下，IT 应用水平越高，对创造力的影响越大，其中，β_5IT 是知识分享质量对企业创造力影响的斜率，如果其他要素不变的情况下，IT 应用水平决定企业知识分享质量对企业创造力的影响速度。因此，企业高水平的 IT 应用可以迅速改善企业的知识分享质量，从而提升企业的创造力。我们在第 3 章提出的 H_9 获得检验。

表 5-7　模型的回归结果（OLS 估计）

自变量	y_1		y_2		y_3	
	估值	VIF	估值	VIF	估值	VIF
常数（β_0）	0.363		0.361		0.337	
异质性（β_1）	0.180***	1.263	0.186***	1.277	0.189***	1.264
员工网络整体关系（β_2）	0.163**	1.011	0.161**	1.008	0.162**	1.007
知识分享质量（β_3）	0.425***	1.280	0.442***	1.256	0.447***	1.259
γ_1（上市）	0.259**	1.034				
γ_2（ISO）			0.075	1.024		
γ_3（类型）					0.069	1.005
R^2	0.347		0.323		0.322	
F	20.742***		19.303***		19.268***	

***、**分别代表在 0.01、0.05 水平下显著

注：ISO，即 International Standards Organization，国际标准组织

信息技术作为先进的管理工具其本身具有强大的数据处理能力，它通过应用程序的导入，可以对企业的知识进行分类、加工、筛选和存储，这样对创新所需要的知识能快速地提取并通过新知识的发现来支持创新过程。因此，信息系统的采纳和应用可大幅度地改善员工知识获取、协助知识员工提升知识的复用、转化、知识重构与新知识的发现，进而推动组织的创造力。有关信息系统对知识管理过程的研究也一直是当今的研究热点，特别是近些年来企业更加关注组织知识管理系统的建设，通过知识管理系统的应用促使企业的研发创新能力及定制能力迅速改善。然而，企业如何改善和迅速提升管理信息系统的应用水平来支持企业的创新管理需要根据行业及企业自身的能力来选择自己的 IT 发展路径。

　　企业由于资源要素的配置、行业及员工的整体素质的不同，其创造力存在差异，所以寻找企业与企业存在的差异是我们改善不同企业创造力的出发点。本书把企业的类型（制造业与服务业）、是否上市、是否采纳 ISO 等控制变量分别引入模型，并应用 SPSS 进行回归分析，可以获得表 5-7。从表 5-6 和表 5-7 可知，上市企业与没有上市企业之间，员工网络整体关系、知识分享质量和 IT 应用水平对企业的创造力存在显著影响，说明上市企业比未上市企业更加关注创造力的培育和促进，这是因为企业创造力与收益成正比，而企业类型和企业的 ISO 标准的导入对企业的创造力不存在显著影响。

　　对于企业类型，我们分为制造业和服务业，目前，我国多数中小型制造业主要以来料加工为核心，特别是在我国的沿海城市，多数企业通过获取的劳动力成本所带来的竞争优势进行生产和加工服务。ISO 作为全球企业最佳实践是企业保证产品生产过程和质量的认证标准之一，许多厂家都导入了这一标准，但他们所规范的是生产过程，所以对企业的创造力的影响不显著。而上市企业与非上市企业又有显著的差异，这是因为作为上市企业一定要有较强的创造力，如果上市企业的创造力弱，产品的多样性不足与产品质量的不稳定，会影响人们对这个上市公司的期望，造成人们认定这个企业的成长性差，企业的创新能力弱而导致股票的价位的下降，因此，上市企业会非常关注自身创造力的提升和改善，而体现出大量的研发投入和新产品在市场的占有率与公司的潜力。因此，这类企业与未上市企业有显著的差异。

5.5　企业 IT 应用水平的改善

　　大量文献发现企业 IT 采纳和应用可以改善组织的创新能力并为企业带来创新绩效。因此，企业如何提升它的 IT 应用水平引发了学者们的广泛讨论，许多学者认为改善 IT 应用水平可以从多个关键因素入手。例如，Ngai 等（2008）针对十个不同的国家或地区的学术期刊、会议论文、博士论文以及相关著作的收集，对 ERP 实施的关键成功因素做了文献综述。识别出 ERP 成功实施的 18 个关键成功因素，以及 80 个子因素。其研究结果显示，"恰当的业务和 IT 现有系统"、"业务计划/愿景/目标/认同"、"业务流程再造"、"改变管理文化和培训"、"沟通"、"ERP 的团队协同和能力"、"监测和评价绩效"、"项目支持"、"项目管理"、"软件/系统开发、测试和调试"、"高层管理支持"、"数据管理"、"ERP 战略和实施方法"、"ERP 供应商"、"组织特征"、"ERP 与业务/流程间的匹配度"、"民族文化"以及"相关地区功能需求"为国家或地区中普遍存在的 ERP 关键成功因素。基于这些因素和彭建平（2011）的讨论，影响企业 IT 应用水平两个关键因素，即企业流程管理能力和企业管理制度能力引起了我们的关注，因为企业的目标是实现利润最大化，企业的制度和流程管理能力的强弱对企业是否实现预期具有重要的影响。

从企业为客户创造价值的活动来看，企业流程是企业创造价值的核心。波特提出了价值链理论，认为企业价值链是企业为客户创造价值的来源（Porter and Millar, 1985）。而企业价值链是由若干流程构成，若干流程的有序活动为客户创造价值。而流程的有效执行是通过企业制度来保证的。流程管理能力强，容易产生更多的 IT 需求，而 IT 需求的实现才可能推动企业 IT 应用水平的提升，当然制度能力的提升也会推动 IT 应用水平的提升，因为 IT 应用可促使企业管理制度的固化，减少人对业务流程的随意干涉，引导企业从"人治"到"法治"。

从文献归纳，IT 应用水平是指企业应用信息技术的广度和深度两方面的成熟程度（肖静华和谢康，2007）；企业制度限定在显性的管理制度以及从组织层面上构建管理制度的能力，着重点关注在一定历史条件下形成的规定、规程和行动准则。企业管理制度能力是指企业多种具体管理制度的抽象，具体指企业在制定、执行和完善制度时表现出来的能力（彭建平和谢康，2010）；流程管理能力是以不断改善企业业务流程而持续提高企业绩效为目的的，最终使客户满意的综合能力（彭建平，2010）。

5.5.1　企业数据收集与检验

基于前人提出的成熟问卷，我们对企业的 IT 应用水平、流程管理能力和管理制度能力进行了企业问卷访谈，大概用了 2 年多的时间，访问了 123 家企业的高管、IT 部门负责人。所访谈企业的样本分布参见表 5-8。

表 5-8　样本数据行业分布

	行业	数量/个	比例/%		行业	数量/个	比例/%
制造业	电子	15	12.2	服务业	批发、零售	1	0.8
	快速消费品	5	4.1		IT 服务	10	8.1
	汽车	3	2.4		通信	12	9.8
	机械、设备	5	4.1		房地产	3	2.4
	家电	4	3.3		贸易	4	3.3

续表

	行业	数量/个	比例/%		行业	数量/个	比例/%
制造业	钢铁	2	1.6	服务业	传媒出版	3	2.4
	石油化工	12	9.8		银行、证券	10	8.1
	纺织服装	2	1.6		商旅	7	5.7
	五金	2	1.6		其他	14	11.4
	农产品	1	0.8		小计	64	52.0
	其他	8	6.5				
	小计	59	48.0				
总计	数量/个			123			

从访谈企业的销售规模和企业人数来看，年销售额大于 500 亿元的有 9 家，100 亿~500 亿元的企业有 13 家，100 亿以下的企业有 81 家。企业职工人数 5 000 人以上的有 25 家，1 000~5 000 人的企业 41 家，1 000 人以下的企业 54 家。具体样本分布参见表 5-9。

表 5-9　研究样本企业销售规模和员工人数

销售收入/亿元	数量/家	比例/%	员工人数/人	数量/家	比例/%
≥500	9	7.3	≥10 000	15	12.2
100~500	13	10.6	5 000~10 000	10	8.1
10~100	30	24.4	2 000~5 000	22	17.9
1~10	38	30.9	1 000~2 000	19	15.5
<1	13	10.6	100~1 000	43	35.0
			<100	11	8.9
不提供数据	20	16.2	不提供数据	3	2.4
合计	123	100	合计	123	100

研究样本数据主要来自广东省内企业 108 家，占问卷企业总数的 88%。外省企业 15 家，占总样本数据的 12%。这也是本书的局限。所以访谈的人员主要为 IT 经理或企业 IT 项目负责人、部分高层管理人员。问卷访问人员详细构成参见表 5-10。

表 5-10　问卷回答人员分布

企业员工	高层管理人员	中层管理人员分布		基层管理人员分布	
		IT 部门负责人	其他管理部门负责人	IT 部门	项目主管
数量/个	27	36	44	10	26
比例/%	19	25	31	7	18
		56		25	

　　研究样本有效数据 123 套，每套由 4 个独立问卷组成，用 SPSS 软件对样本数据的信度进行检验，可以获得表 5-11。从表 5-11 中可以看出，样本数据的量表整体信度 α 值和各个量表维度的信度都大于 0.6，完全达到进行计量分析规定的信度要求。同时，我们还分别对 4 套问卷的原始数据进行 Bartlett 球体检验，其每个构念的显著水平为 0.000，并且 KMO 都大于 0.6，样本数据集适合应用主成分分析方法做因子分析。

表 5-11　样本数据集的信度及 KMO 和 Bartlett 的检验

变量名	IT 应用水平		制度能力		流程管理能力	
信度	$\alpha_总=0.931$	维度 α	$\alpha_总=0.948$	维度 α	$\alpha_总=0.847$	维度 α
变量维度	技术	0.913	制定能力	0.884	流程实施	0.761
	数据	0.922				
	生产运营	0.893	执行能力	0.890	流程质量	0.843
	职能管理	0.871				
	战略支持	0.822	完善能力	0.908	流程满意度	0.770
	人机协同	0.828				
KMO 及 Bartlett 检验	0.858***		0.928***		0.839***	

***代表在 0.01 水平下显著

1. IT 应用水平效度检验

　　根据肖静华和谢康（2007）研究，我们选取 6 个因子作为初始因子。一般而言，因子的累计方差贡献率大于 60% 就可以接受。通过运行 SPSS 软件，本书中 6 个因子的累计方差解释贡献率达到了 78.7%。表 5-12 显示了采用 Varimax 法进行方差最大化正交旋转后各指标在主因子下的载荷。因子分析结果显示，6 个因子恰好对应了 IT 应用水平的 6 个维度，表明对企业 IT 应用水平的测量能较好地满足建构效度的要求。

表 5-12　IT 应用水平指标因子载荷

问卷维度	因子 1	因子 2	因子 3	因子 4	因子 5	因子 6	命名
先进性	0.816						
完备性	0.748						
扩展性	0.775						技术
开放性	0.774						
安全性	0.565						
标准化		0.760					
准确性		0.745					
完整性		0.810					数据
及时性		0.817					
管理质量			0.770				
监控质量			0.800				生产运营
智能化			0.714				
管理质量				0.504			
监控质量				0.764			职能管理
智能化				0.892			
战略地位					0.792		
支持程度					0.582		战略支持
集成范围					0.508		
易用性				0.881			
有用性				0.831			人机协同
灵活性				0.568			
旋转后的特征值	3.976	3.574	2.644	2.618	2.326	1.399	
旋转后的累积解释/%	18.9	36	48.5	61	72	78.7	

2. 企业管理制度能力效度检验

根据前面探索性分析，我们对样本数据选取 3 个因子作为初始因子。通过运行 SPSS 软件，3 个因子的累计方差解释贡献率达到了 71.9%。表 5-13 显示了采用 Varimax 法进行方差最大化正交旋转后各指标在主因子下的载荷。因子分析结果显示，3 个因子恰好对应了 IT 应用水平的 15 个维度，表明对制度能力的测量能较好地满足建构效度的要求。

表 5-13 制度能力指标因子载荷

问卷题项	因子 1	因子 2	因子 3	因子命名
人性化			0.784	
文化力			0.684	
前瞻性			0.703	制定能力
延续性			0.688	
时效性			0.581	
系统性			0.517	
权威性		0.675		
独立性		0.758		执行能力
指令性		0.774		
平等性		0.747		
监督系统	0.636			
评价系统	0.744			
调整方法	0.814			完善能力
应变性	0.746			
创新性	0.774			
旋转后的特征值	3.9	3.5	3.37	
旋转后的累积解释/%	26	49	71.9	

3. 企业流程管理能力效度检验

对样本数据企业流程管理能力分别选取 3 个因子作为初始因子。通过运行 SPSS 软件，3 个因子的累计方差解释贡献率达到了 76%。表 5-14 显示了采用 Varimax 法进行方差最大化正交旋转后各指标在主因子下的载荷。因子分析结果显示，3 个因子恰好对应了 7 个指标（表 5-14），表明对流程能力的测量能较好地满足建构效度的要求。

表 5-14 流程管理能力指标因子载荷

问卷题项	因子 1	因子 2	因子 3	因子命名
跨部门问题解决程度	0.714			
对流程合理性的分析频度	0.871			
流程改进的方法科学程度	0.734			流程质量
流程改进的灵活性	0.731			
对异常流程的处理		0.888		
客户满意度		0.746		满意度
流程实施保证			0.976	
旋转后的特征值	2.607	1.69	1.08	流程实施
旋转后的累积方差解释/%	37	61.4	76.8	

4. 评价模型 CFA 检验

通过对研究样本数据进行探索性因子分析,其研究结论与问卷开发时所讨论的结构模型一致,说明问卷具有良好的信度和效度。为了进一步检验样本数据建构效度,我们采用结构方程模型做 CFA。我们运用 Lisrel8 统计软件对研究对象测量模型分别进行检验。获得表 5-15,并可知 4 个测量模型有较好的建构效度,说明研究对象测量模型关键指标参数满足要求,测量概念模型与数据匹配。

表 5-15 研究测量模型 CFA 结果

检验指标项	X^2	Df	X^2/df	RMSEA	NNFI	CFI
IT 应用水平测量模型	234	155	1.51	0.072	0.96	0.91
制度能力测量模型	140	87	1.61	0.061	0.98	0.99
流程管理能力测量模型	21	11	1.90	0.075	0.96	0.98
参考指标值			≤2	≤0.08	≥0.9	≥0.9

通过对研究样本数据进行严格信度和效度检验,显示出研究样本数据的信度和效度满足计量研究要求,同时,对研究测量量表进行了二次探索性因子分析,所获结论一致,反映了测量量表结构具有一定的稳定性和有效性。由此可以利用所收集的研究数据展开科学研究。

5.5.2　研究模型及参数估计

　　线性回归模型虽然比非线性模型简洁，但是难以深刻揭示研究对象的内在机制。线性方程仅仅直观反映两个变量的正相关，要深入研究企业两种能力与 IT 应用水平的关系还需要借助非线性模型来描述研究对象的逻辑关系，以便发现它们的内在机制，正如美国加利福尼亚大学的 Hsia（1977）也曾指出"尽管连续系统的离散近似模型对许多工程应用来讲是有用的，但在某些研究领域中，人们却常常希望使用微分方程模型，如生命科学、经济学、生物医学等。在这些领域中，微分方程的系数描述了我们所希望辨识的系统内部的物理或化学过程的本质"。

　　线性回归分析仅仅反映企业不同行为之间存在的因果线性关系，但从一个企业的发展阶段来讲，不同企业的发展阶段制度能力与流程管理能力不同，因此，企业两种能力对 IT 应用水平的影响存在阶段性差异，为了厘清不同的制度能力与流程管理能力如何影响 IT 应用水平，我们尝试着基于现实推导企业行为间存在的非线性模型。传统计量分析其研究模型是事前给定。然而，现实生活中，许多问题存在非线性性质，就我们的研究问题而言，研究对象之间存在非线性关系，基于我们的长期观察和现场访谈，我们有以下假设：①讨论企业制度能力和流程管理能力对 IT 应用水平产生影响时，其他关键因素不变。②由于企业 IT 应用水平不可能无限提高，我们用（$1-y/100$）对 IT 应用水平进行约束。从物理数学视角度的阐述，我们可以理解为达到饱和，即 IT 应用水平提升达到一定程度后，提升速度会受到阻滞。③制度能力、流程管理能力和 IT 应用水平影响是时间的函数，随着时间的推移，企业知识积累增加，导致企业不断改善制度能力、流程管理能力和持续提升 IT 应用水平。④企业 IT 应用水平的提升与企业 IT 应用水平的存量相关。现实生活中，IT 应用水平与前期应用水平有关，如果前期 IT 应用水平较高，后期 IT 应用水平更易获得改善和提升，如非常完善与先进的基础设施，使后期新的应用系统非常容易实现等。⑤企业制度能力和流程管理能力增量与企业能力本身的存量正相关。

　　根据以上假设，我们构建微分方程组。其中，IT 应用水平用 y 表示，制度能力用 x_1 表示，流程管理能力用 x_2 表示，（x_1, x_2, y）∈（0, 100），β_1 和 β_2 分别是企业 IT 应用水平和制度能力的提升系数，β_3 和 β_4 分别是企业 IT 应用水平和流程管理能力的提升系数。在本章研究中，为了研究方便，我们把观察对象取值统一放大 20 倍。

　　根据上面的假设，我们可以推导出式（5-1），即制度能力对企业 IT 应用水平的微分方程：

$$\begin{cases} \dfrac{\partial y}{\partial t} = \beta_1 y x_1 \left(1 - \dfrac{y}{100}\right) & \cdots\cdots(1) \\ \dfrac{\partial x_1}{\partial t} = \beta_2 x_1 & \cdots\cdots(2) \end{cases} \quad （5\text{-}1）$$

由于样本数据为截面数据，我们将式（5-1）中式（1）除以式（2），得到式（5-2）：

$$\frac{\partial y}{\partial x_1} = \frac{\beta_1}{\beta_2} y \left(1 - \frac{y}{100}\right) \quad （5\text{-}2）$$

解微分方程式（5-2），获得企业 IT 应用水平与制度能力的函数式如下：

$$\ln\left(\frac{y}{100 - y}\right) = \frac{\beta_1}{\beta_2} x_1 + c_1 \quad （5\text{-}3）$$

由于 β_1 和 β_2 是随机常数，β_1 除以 β_2 也是随机常数，故设 $\dfrac{\beta_1}{\beta_2} = 2\lambda_1$，式（5-3）变换为式（5-4）：

$$\ln\left(\frac{y}{100 - y}\right) = 2\lambda_1 x_1 + c_1 \quad （5\text{-}4）$$

同理，可推导出式（5-5），它是流程管理能力 x_2 对企业 IT 应用水平的影响微分方程。

$$\begin{cases} \dfrac{\partial y}{\partial t} = \beta_3 y x_2 (1 - \dfrac{y}{100}) & \cdots\cdots(1) \\ \dfrac{\partial x_2}{\partial t} = \beta_4 x_2 & \cdots\cdots(2) \end{cases} \quad （5\text{-}5）$$

由于样本数据为截面数据，我们将式（5-5）中的式（1）除以式（2），得式（5-6）：

$$\frac{\partial y}{\partial x_2} = \frac{\beta_3}{\beta_4} y (1 - \frac{y}{100}) \quad （5\text{-}6）$$

解微分方程式（5-6），获得企业 IT 应用水平与制度能力的函数式如下：

$$\ln\left(\frac{y}{100 - y}\right) = \frac{\beta_3}{\beta_4} x_2 + c_2 \quad （5\text{-}7）$$

由于 β_3 和 β_4 是随机常数，β_3 除以 β_4 也是随机常数，故设 $\dfrac{\beta_3}{\beta_4} = 2\lambda_2$，式（5-7）变换为式（5-8）：

$$\ln\left(\frac{y}{100 - y}\right) = 2\lambda_2 x_2 + c_2 \quad （5\text{-}8）$$

把式（5-4）和式（5-8）相加，并整理，我们有式（5-9）：

$$2 \times \ln\left(\frac{y}{100 - y}\right) = 2\lambda_1 x_1 + 2\lambda_2 x_2 + c_1 + c_2 \qquad (5\text{-}9)$$

该模型推导出了研究对象间的函数关系，为后续深入探讨研究对象的相互作用机制提供了有力的理论支持。

我们应用 SPSS 软件对式（5-9）中的常数项进行统计估计，统计结果见表 5-16。

表 5-16　回归分析结果

回归参数	常数 c	x_1 系数 λ_1	x_2 系数 λ_2
参数估计	−0.851[***]	0.010[**]	0.012[***]
R^2	0.391		
F	37.244[***]		
样本数	123		

[***]、[**]分别代表在 0.01、0.05 水平下显著

把参数估计代入式（5-9），整理得 IT 应用水平的函数表达式，其中 x_1，$x_2 \in$（0，100）

$$y = \frac{100e^{0.01x_1 + 0.012x_2 - 0.851}}{1 + e^{0.01x_1 + 0.012x_2 - 0.851}} \qquad (5\text{-}10)$$

式（5-10）反映了企业 IT 应用水平随制度能力和流程管理能力变化的数学模型。

从企业 IT 应用水平的函数关系式可知，它具有极值，是一个收敛函数。同时，制度能力和流程管理能力对企业 IT 应用水平影响有限，如果我们把制度能力和流程管理能力的极大值带入，y=79.4，转化为原始值为 3.97，即两种能力对 IT 应用水平的解释有限，可能还存在其他因素对 IT 应用水平产生影响。根据式（5-10），可以直接获得两种能力影响 IT 应用水平关系的三维图（图 5-1）。

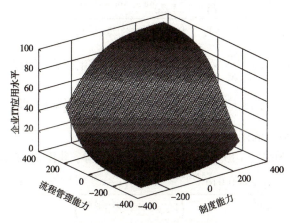

图 5-1　两种能力对 IT 应用水平影响三维图

在假定其他条件不变的条件下，针对本书研究对象，根据数学模型（5-10）可以获得以下推论，以此揭示企业管理制度能力和流程管理能力对 IT 应用水平影响机制。

推论 1：企业 IT 应用水平随时间的提升速度与制度能力和流程管理能力随时间的改善速度正相关。

证明：对式（5-10）中的变量求偏导，得

$$\frac{\partial y}{\partial t} = \frac{e^{0.01x_1 + 0.012x_2 - 0.851}}{\left(1 + e^{0.01x_1 + 0.012x_2 - 0.851}\right)^2} \left(\frac{\partial x_1}{\partial t} + 1.2\frac{\partial x_2}{\partial t}\right) \tag{5-11}$$

由式（5-11）可知，IT 应用水平的提升速度与制度能力和流程管理能力提升速度相关。但相关类型取决于企业两种能力随时间增长率的符号。方程反映了企业学习能力和知识存量是否随经营时间的延续而增长，通常企业的知识和管理能力随着时间的推移会呈现正相关的特征，因为人类的物质文明总体在持续提升。

所以，$\frac{\partial x_1}{\partial t} > 0,\quad \frac{\partial x_2}{\partial t} > 0,\quad \frac{\partial y}{\partial t} > 0$。证毕。

企业 IT 应用水平随时间提升速度与制度能力和流程管理能力提升速度正相关。说明随着企业 IT 应用时间的增加，企业对 IT 的理解和应用会进入更高层次。从而推动企业的 IT 应用水平提升。但企业 IT 应用水平的提升速度取决于企业制度能力和流程管理能力的提升速度。

推论 2：企业 IT 应用水平提升速度是企业制度能力（x_1）和流程管理能力（x_2）的函数，提升加速度拐点是 x_1 或 x_2 的函数。

证明：式（5-10）分别对 x_1 或 x_2 求偏导，获得式（5-12）和式（5-13）。

$$\frac{\partial y}{\partial x_1} = \frac{e^{0.01x_1 + 0.012x_2 - 0.851}}{\left(1 + e^{0.01x_1 + 0.012x_2 - 0.851}\right)^2} \tag{5-12}$$

$$\frac{\partial y}{\partial x_2} = \frac{1.2e^{0.01x_1 + 0.012x_2 - 0.851}}{\left(1 + e^{0.01x_1 + 0.012x_2 - 0.851}\right)^2} \tag{5-13}$$

从式（5-12）可知，$\frac{\partial y}{\partial x_1} > 0$，$x_1$ 与 IT 应用水平正相关。同理，我们从式（5-13）可知，$\frac{\partial y}{\partial x_2} > 0$，$x_2$ 与 IT 应用水平正相关。IT 应用水平随制度能力或流程管理能力的提升速度是 x_1 和 x_2 的函数。

对式（5-12）和式（5-13），我们分别求二阶偏导，获得式（5-14）和式（5-15）。

$$\frac{\partial^2 y}{\partial x_1^2} = \frac{0.01e^{0.01x_1 + 0.012x_2 - 0.851}\left(1 - e^{0.01x_1 + 0.012x_2 - 0.851}\right)}{\left(1 + e^{0.01x_1 + 0.012x_2 - 0.851}\right)^3} \tag{5-14}$$

$$\frac{\partial^2 y}{\partial x_2^2} = \frac{0.0144e^{0.01x_1+0.012x_2-0.851}\left(1-e^{0.01x_1+0.012x_2-0.851}\right)}{\left(1+e^{0.01x_1+0.012x_2-0.851}\right)^3} \quad (5\text{-}15)$$

我们令 $\dfrac{\partial^2 y}{\partial x_1^2}=0$，$\dfrac{\partial^2 y}{\partial x_2^2}=0$，求出拐点值分别为 $x_{01}=85.1-1.2\,x_2$ 和 $x_{02}=70.9-0.83$ x_1。拐点 x_{01} 和 x_{02} 分别是 x_2 和 x_1 的函数。证毕。

推论 1 证明了制度能力和流程管理能力随时间的改善，可推动企业的 IT 应用水平提升。推论 2 证明了企业 IT 应用水平随制度能力变化时的加速度存在拐点，其拐点是 x_2 的函数。说明我们选取不同的 x_1 时，加速度 $\dfrac{\partial^2 y}{\partial x_1^2}$ 取值有正负差异。当 $x_1>x_{01}$ 时，加速度小于零，当 $x_1<x_{01}$ 时，加速度大于零。其现实含义为在 x_2 取值一定的情况下，制度能力取值如果小于 x_{01}，企业制度能力对 IT 应用水平影响的加速度是正值。在这种情形下，制度能力的培育和强化可以加速企业的 IT 应用水平的改善，但是，当制度能力取值如果大于 x_{01}，企业制度能力对 IT 应用水平的加速度是负值，虽然企业制度能力的改善，可推动企业的 IT 应用水平的提升，但提升的速度逐步减慢。企业管理制度能力拐点 x_{01} 又受到企业流程管理能力影响，其拐点 x_{01} 的值随流程管理能力的增强而减小，导致制度能力对 IT 应用水平的影响曲线向上移动（图 5-2）。

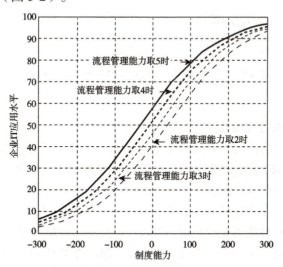

图 5-2　不同流程管理能力对 IT 应用水平影响的截面图

从图 5-2 中我们可以直观地看到，流程管理能力取不同值时，制度能力对企业 IT 应用水平影响具有差异，即流程管理能力越强，制度能力对 IT 应用水平的影响相对减弱。因为 x_2 增加，y 受 x_1 影响产生的加速度减小，同时 y 的提升速度下降。

　　同理，推论 2 也揭示了流程管理能力对 IT 应用水平加速度的影响受到制度能力的影响。其拐点 x_{02} =70.9–0.83 x_1，说明拐点是 x_1 的函数。当 x_1 增大时，x_{02} 越小，即当制度能力越强，x_{02} 越小，$x_2 > x_{02}$ 时，流程管理能力对 IT 应用水平的提升加速度为负。但是，当 $x_2 < x_{02}$ 时，流程管理能力对 IT 应用水平的提升加速度为正。

　　图 5-3 反映了不同制度能力下，流程对企业 IT 应用水平的影响。从中可知当制度能力取不同值时流程管理能力随 IT 应用水平的变化曲线向上移动，从两个截面图可以看出，制度能力和流程管理能力对 IT 应用水平影响具有互补性。

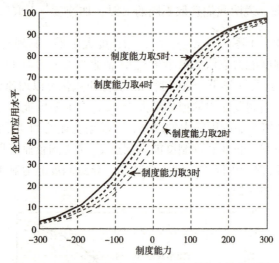

图 5-3　不同制度能力对 IT 应用水平影响的截面图

　　推论 3：在（0，100）$\in$[x_1，x_2]区间存在两个点，致使 IT 应用水平的加速度在整个有效区间内为负数。

　　证明：推理 2 证明了 IT 应用水平随 x_1 和 x_2 变化曲线存在拐点，并且拐点分别是 x_2 和 x_1 的函数，即 x_{01} =85.1–1.2 x_2 和 x_{02} =70.9–0.83 x_1。设，x_{01} =0，x_{02} =0，求出值 x_2 =70.9，x_1 =85.4。证毕。

　　推论 3 说明，在有效区间内，存在两个点，使 IT 应用水平的加速度值为负，其现实含义为当某种能力做得较好的情况下，另外一种能力对 IT 应用水平影响的加速度始终为负值。第一个点为 x_2 =70.9 时，制度能力对 IT 应用水平的加速度在有效区间上为负值。显示制度能力提升对 IT 应用水平提升的速度始终是一个减速过程。此时，不存在加速度为正值区间。同理，当 x_1 =85.4 时，流程管理能力对 IT 应用水平的加速度在有效区间上为负值。推论 3 从另外一个角度告诉我们，在选择 IT 应用水平提升路径的选择上，如果制度能力和流程管理能力太差，通过这两种能力的培育或学习，可以加速提升企业 IT 应用水平。如果某种单一能力过高，虽然进一步强化这种能力有助于 IT 应用水平的提升，但提升加速度为负。此时，我们应当更多地关注其他因素的改善，才有可能快速地提升企业 IT 应用水平。

图 5-2 和图 5-3 的讨论区间与变量的取值有关，其有效取值区间为（0，100）$\in [x_1, x_2]$，其他区间没有讨论意义。在这个区间中，我们可以明显看出，企业 IT 应用水平达不到收敛值，由此可以说明 IT 应用水平还受到其他多种因素的综合影响，而企业制度能力和流程管理能力是影响企业 IT 应用水平的关键因素。

推论 4：流程管理能力对 IT 应用水平的提升速度 v_{x_2} 与制度能力对 IT 应用水平提升速度 v_{x_1} 之比是常数。流程管理能力比制度能力对 IT 应用水平的影响更大，即 $v_{x_2} > v_{x_1}$。

证明：把式（5-13）除以式（5-12）得

$$\frac{v_{x_2}}{v_{x_1}} = \frac{\dfrac{\partial y}{\partial x_2}}{\dfrac{\partial y}{\partial x_1}} = \frac{1.20}{1} = 1.20 \tag{5-16}$$

由式（5-16）获得：$v_{x_2} > v_{x_1}$。证毕。

推论 5：流程管理能力对 IT 应用水平提升的加速度与制度能力对 IT 应用水平提升的加速度之比为常数。

证明：把式（5-15）除以式（5-14），两者能力对 y 加速度影响比为

$$\frac{a_{x_2}}{a_{x_1}} = \frac{\dfrac{\partial^2 y}{\partial x_2^2}}{\dfrac{\partial^2 y}{\partial x_1^2}} = \frac{0.0144}{0.01} = 1.44 \tag{5-17}$$

由式（5-17）获得：两种能力分别对 IT 应用水平加速度影响是常数。证毕。

从推论 4 和推论 5 可知，当企业管理制度能力不变的情况下，流程管理能力对 IT 应用水平影响速度和加速度，从方程可知大于制度能力对 IT 应用水平影响的速度和加速度。其中，流程管理能力对企业 IT 应用水平的影响速度是制度能力对 IT 应用水平的影响速度的 1.20 倍、加速度是 1.44 倍。推论从另外一个角度证明了企业流程管理能力对 IT 应用水平的影响大于制度能力。

企业 IT 应用水平的提升是一个围绕流程不断改进提升的过程，最终在为客户提供优质服务的同时为企业创造价值。所以，选择合理提升企业 IT 应用水平路径，实现企业对管理创新与企业的能力现状等要素有很大的关系。我们可以理解为技术变迁和新技术的使用会引发管理模式的演变。而管理模式的演变会加速新技术的采纳，最终导致管理的创新。

企业 IT 应用水平的提升与公司现有的管理基础有关，它离不开现实环境，因此，在选择和实施自己的 IT 应用水平时应当考虑企业现状，过分追求高水平的应

用是对企业资源的浪费。根据路径依赖理论，企业在发展自己的 IT 应用水平时，首先应当评估自己的管理能力或自身的综合能力，因为上述研究证明了不同时期不同的管理能力对 IT 应用水平影响存在差异。如果我们能寻找到自身在管理能力上的不足，真正找到提升管理能力的切入点，就为企业的 IT 应用水平提升创造了一个契机。中国企业信息化应用水平不高，其原因不是我们没有购买先进设备和软件的能力，而是缺乏对企业实施精细管理的能力和认识。这种能力的不足与中国没有经历过工业化有一定的关系。企业要打破这个瓶颈，需要提升自己的学习能力，构建完善的流程管理制度，在 IT 应用上应当寻找与自己业务流程相匹配的系统引入。在强化了对 IT 的认识后，其管理水平会有所提升，管理水平的提升将产生新的 IT 需求。这种螺旋式的上升是中国企业提升 IT 应用水平的发展路径，同时具有路径依赖性。

5.5.3　IT 应用水平提升机制

　　根据上述实证，企业两种能力对 IT 应用水平的影响存在差异，因此，企业要提高自己的 IT 应用水平，更多地应当关注企业的流程管理能力的培育和提炼。从两种能力影响 IT 应用水平的模型中，我们可以看到，流程管理能力的路径影响系数大于制度能力对 IT 应用水平的影响系数。并且流程管理能力可以通过制度能力传递来影响企业 IT 应用水平。同时，流程管理能力对 IT 应用水平提升速度的影响大于制度能力的影响，从而验证和丰富了价值链理论。优秀的流程管理能力可以造就优秀的流程，而优秀的流程是企业为客户创造价值的来源。

　　然而，在强调流程管理能力的同时，我们不能忽视制度能力的培育。管理制度是企业流程得以有效执行的保证。没有完善的制度保证系统就不可能使流程得以有效地执行，信息技术在企业流程中就不可能得到有效的渗透和融合。IT 应用中制度的缺乏，不能获得有效的贯彻和执行，导致 IT 投入本应发挥的效果没有有效的发挥。因此，企业在 IT 应用水平提升路径上应该关注制度能力和流程管理能力所具有的互补性或交集。事实上这种交集是指流程管理能力和制度能力的相互融合程度，在本章的讨论中，我们应用获得的企业 IT 应用水平随两种能力变化的数学模型［参见式（5-10）］。假定其他条件不变的条件下，针对本书界定的研究范围，我们可以获得另外 3 个有意义的推论。

　　推论 6：企业两种能力乘积的大小是企业 IT 应用水平高低的充分必要条件。

　　证明：借助式（5-10），我们可以变换一下函数的表达式为

$$y = 100\left(1 - \frac{1}{1 + e^{0.01x_1 + 0.012x_2 - 0.851}}\right) = 100\left(1 - \frac{1}{1 + e^{0.01x_1}e^{0.012x_2}e^{-0.851}}\right) \quad (5\text{-}18)$$

令 $X_1 = e^{0.01x_1}$，$X_2 = e^{0.012x_2}$，$C_0 = e^{-0.851}$ 并代入式（5-18），得

$$y = 100\left(1 - \frac{1}{1 + C_0 X_1 X_2}\right) \qquad (5\text{-}19)$$

变换后的 IT 应用水平是制度能力和流程管理能力表达式乘积项的函数，是 IT 应用水平与企业两种能力另外一种函数表现形式。$X_1 X_2$ 构成的乘积项越大，企业 IT 应用水平越高。而企业 IT 应用水平越高，$X_1 X_2$ 越大。

$\because x_1 = 100 \ln X_1 \quad x_2 = 83.3 \ln X_2 \quad x_1 x_2 = 8330 \ln X_1 \ln X_2$

$\therefore X_1 X_2 \uparrow \quad \rightarrow \ln X_1 \ln X_2 \uparrow \quad \rightarrow x_1 x_2 \uparrow$

因此，管理制度能力和流程管理能力的乘积大小是企业 IT 应用水平大小的充分必要条件。证毕。

推论 7：在企业管理制度和流程管理能力的表达式 X_1 与 X_2 之和等于一个常数的约束条件下，两种能力表达式取值大小与其均值相等时，企业的 IT 应用水平最大。

证明：假设管理制度能力表达式为 $X_1 = e^{0.01x_1}$，流程管理能力表达式为 $X_2 = e^{0.012x_2}$，约束条件为 $X_1 + X_2 = C$。两者能力表达式的均值为 $\mu = \dfrac{X_1 + X_2}{2}$，对于任意满足约束条件的两种能力表达式的乘积为 $X_1 X_2$，证明需要 $\mu^2 \geqslant X_1 X_2$ 成立即可。

$$\because (X_1 - X_2)^2 \geqslant 0 \qquad \therefore X_1^2 + X_2^2 - 2X_1 X_2 \geqslant 0 \qquad (5\text{-}20)$$

式（5-20）两边同时加上 $4X_1 X_2$，可得 $X_1^2 + X_2^2 + 2X_1 X_2 \geqslant 4X_1 X_2$，

$\dfrac{(X_1 + X_2)^2}{4} \geqslant X_1 X_2$，即 $\mu^2 \geqslant X_1 X_2$。证毕。

推论 8：在企业管理制度和流程管理能力之和等于常数的约束条件下，企业优先发展流程管理能力可使企业获得更高的 IT 应用水平。

证明：由模型 $y = 100\left(1 - \dfrac{1}{1 + e^{0.01x_1 + 0.012x_2 - 0.851}}\right)$ 变换为 $y = 100$ $\left(1 - \dfrac{1}{1 + e^{0.01(x_1 + x_2) + 0.002x_2 - 0.851}}\right)$

$\because x_1 + x_2 = c$，如果 $x_2 \uparrow$，$y \uparrow$

$\therefore$ 企业在两种能力之和一定的情况下，流程管理能力大的企业必然有较高的 IT 应用水平。证毕。

推论 6 至推论 8 告诉我们，企业两种管理能力的交集或乘积大小是企业 IT 应用水平高低的充分必要条件，当两者能力之和一定的情况下，优先发展企业流程

管理能力会推动更高层次的 IT 应用。因为企业的目标就是获得价值创造，而价值创造源于价值链，而价值链是由企业的流程构成，卓越的流程一定能为企业创造更多的价值，如果 IT 投入和应用离开了业务流程，IT 的应用就毫无价值可言。正是因为人们更多地关注业务流程的管理和优化，才有可能产生更多的 IT 需求，而 IT 需求的实现直接提升了 IT 应用水平。同时推动了流程管理的智能化和业务流程的自动化，降低了管理成本，实现更多的价值创造。因此，在两种能力一定的情况下，更多地关注流程管理能力的培育和建设对推动企业 IT 应用水平具有一定的现实意义。

诚然，在强调企业的流程管理能力的同时我们不能忽视管理制度建设，特别是在企业信息化程度较低的阶段，人们应该更多地强化管理制度。因为早期企业 IT 应用水平不高的情况下，好的流程一定需要通过有效的管理制度来固化，否则优化的业务流程无法有效的实施。而对于具有较高水平的企业 IT 应用，企业可以充分借助信息技术嵌入和固化企业业务流程，使员工通过 IT 应用来实现业务流程，同时自动的执行企业管理制度，这时 IT 深层次应用本身成为一个管理制度并固化在系统中。通过业务流程的执行，促进和推动制度的贯彻。由于系统本身具有固化流程和制度特性，员工通过系统执行流程和制度，由此形成了一个良性的循环。因此构成了基于信息技术条件下的企业管理制度和业务流程的融合，而高水平的 IT 应用与管理要素的融合可推动技术与企业管理的融合。推论 7 论证了假如只讨论管理制度能力和流程管理能力对企业 IT 应用水平的影响，在两种能力一定的条件下，获得最优 IT 应用水平的条件。

IT 应用水平提升实质上是一个如何激发 IT 需求的问题，管理能力的提升，会激发组织者思考如何改善企业效率，而企业效率的改善就是生产率的提高，这与使用什么样的工具有很大的关系。如果组织通过学习能力的提升，完全能改善制度能力和流程管理能力，这两种能力的提升在早期对企业 IT 应用水平的影响很大，体现在对 IT 应用水平具有加速推动作用。本书中的 8 个推论，对选择企业 IT 应用水平提升路径有积极的推动作用。

在国内企业中，建议在企业内大力推动流程管理的学习和执行体系的建设，由于国内企业受计划经济时期的惯性思维方式影响，热衷于科层式组织结构的构建，对流程管理理念的理解相对滞后，这对企业扩大市场，参与国际竞争有很大的影响。在企业的管理过程中，只关注制度建设导致效率不高，因为理论和我们的实证说明流程管理能力比制度能力在推动企业提升 IT 应用水平上更有效率，而高水平的 IT 应用能为企业带来更多的价值创造。因此，在企业内部大力提倡流程管理优化和创新是激发企业 IT 需求的关键所在。IT 的需求会推动 IT 的应用，而 IT 应用水平的逐步改善，会带动两种能力从低水平融合向高水平融合。两种能力的融合是 IT 应用水平提升的充分必要条件。

当然，企业 IT 应用水平的提升是受众多因素影响的一个过程，如果制度能力和流程管理能力较强，对企业 IT 应用水平提升速度是一个相对减速的过程，此时我们应当考虑其他管理因素的改善和培育。如果企业希望迅速改善 IT 应用水平，一定要采用先诊断，后治理改善的提升路径，只有选择合理的提升路径，企业 IT 应用水平才可能有一个快速的改善和提升。

信息技术的高水平应用对员工的知识分享、知识扩散、基于数据的创新知识发现和挖掘、知识的筛选、利用与存储有非常重要的作用，员工利用 IT 技术可以突破空间与时间的阻碍更有效的沟通，使企业的创新环境得到改善。因此，有效提升企业的 IT 应用水平对企业的创新活动具有积极的现实意义。

5.6　组织创造力提升机制

通过建模对理论假设进行检验，发现企业员工的联系强度、异质性和知识分享质量对企业创造力具有显著的正向影响，说明企业内部员工的联系强度大，员工交流互动多，可以促进企业的创造力，这与边燕杰和张文宏（2001）提出的强联结理论相一致，同时，也证实了企业员工异质性高更便于知识分享和扩散（Gilson，2001），而知识分享与扩散可促进创造力的改善。

传统的企业资源理论由于没有把员工的关系和社会资本作为组织的重要资源纳入经济学模型进行计量分析和讨论，导致一些研究存在盲点，事实上企业的形成必然会伴随着员工社会网络的形成，而员工社会网络关系必然构成企业的无形资产，它不但影响组织文化，同时会影响组织创造力和创新绩效。本书结论实证了员工联系强度和异质性对创造力具有显著影响，由此，研究发现是对传统企业资源理论的拓展，同时，实证了企业中员工的关系或社会资本是企业资源重要的组成部分。

基于实证研究，如何改善企业研发团队员工的关系有许多报道，员工联系强度大，有利于研发员工间的知识分享，进而推动组织知识的重构和知识的创新性应用。因此，从组织层面来讲，如何改善员工关系，使研发团队能迅速通过有效交流，促进员工关系的改善，有许多措施可以借鉴。其中，组织团队开展不同形式的活动是最常用的一个改善员工关系的模式，除此之外，研发团队的员工个人特征应该具有互补性，如员工的项目经验、受教育的经历与工作年限等需要合理搭配，这有利于员工间的关系改善和交流。知识型员工一般乐于相对独立，但是，当今的创新需要协同，而协同的前提是有适宜的研发氛围和文化的推动。因此，创造具有异质性背景知识的员工一起协同工作能发挥团队的协同能力，同时，在组织中进行知识分享的激励制度设计，即对具有高质量的知识分享物件的分享提供必要的物质和精神奖励。当然，组织还要进行公司文化建设，把公司的发展与个人的价值实现融合起来，只有让员工形成对组织的共识，才能形成创新的合力。

组织信息技术的采纳是组织为了改善自己的生存环境，构建核心竞争力的一种手段，现实中不同企业的 IT 应用水平存在差异（彭建平，2011；Peng et al.，2011），高水平的 IT 应用必然给员工提供了高质量的数字平台，从而促进员工的信息交流和知识分享，允许员工在大量的信息中抽取自己需要的信息和知识，以支持企业的管理创新和研发创新，从而提升企业的创造力。当然，如何提升企业的 IT 应用水平来改善员工的创新环境需要企业自身关注两种能力的培养，一种能力是流程管理能力，这种能力越强，组织对 IT 的需求就会越大，推动 IT 应用水平提升的动机越强，而管理制度能力是强调组织运营过程的规范，最佳实践的学习，IT 作为一种有效的工具便于企业的规范和研发与生产过程获得有效的固化、监督和执行。而企业 IT 应用水平的提升又可以促进信息的分享、企业知识的存储和快速地筛选来支持创新过程。

针对研究结论，企业员工的联系强度和异质性对创造力有正向显著影响，这对组织在进行人力资源规划和人才储备上有积极的现实意义。对企业而言，什么是人才、如何选择和储备不同企业员工的学历构成和实践经验，成为企业人力资源管理需要思考的重要内容。从企业的创造力出发，单一结构的人员并不利于创新。而员工联系强度的改善，企业可以通过不同的方式来强化。企业的创造力是员工创造力的叠加，其核心也是研发团队知识型员工的创造力的集合，而员工的协同与异质性知识的互补是企业知识重构与发现的重要因素。

人们普遍认为中国是一个关系社会，人们会通过各种途径去发展和维护关系，而维护关系需要成本，虽然从文献回顾我们发现员工联系强度太强或太弱都不利于创新，一些学者还提出了员工联系强度与创新绩效具有倒二次曲线特征并获得了实证。这些理论在本书中并没有获得相应的检验，说明当前中国人的关系概念还非常强烈，交什么朋友，主动联系什么人，员工有自己的标准，即自己的所谓人际关系圈，同时对不熟悉的人员有一定的防备心态。在这些观念的影响下，企业研发知识员工间的联系会相对过弱，而员工间的派系或小圈子随时间逐步形成并得到强化，从第 4 章的讨论也能证明，员工网络密度整体表现出过低，而一些局部网络密度高。因此，推动整体联系的改善显得十分重要，如削弱员工间的派系，加强员工整体网络的构建，倡导整体研发网络中员工的充分沟通并提供相应的联系机会，在项目团队员工的组成上尽可能采用新老混合的交替模式，对提升整个研发团队的整体创造力具有重要的现实意义。

企业的知识分享质量的提升需要一定的过程支持，通过制度设计改善员工对产品知识进行提炼、归纳和应用的习惯。目前，员工都有对工作知识的需求，但普遍缺乏对信息、知识的归纳和知识上传习惯，导致许多企业虽然存在知识管理系统，但所存放的有用知识不多，导致知识分享质量弱，从而影响企业创造力的提升。而构建高质量的知识分享氛围需要组织文化与信息系统的支撑，以及员工具有挖掘知识、上传知识和应用知识的动力，因此，组织在现有系统中应当把知识分享系统的开发及应用纳入日常管理中来，尤其需要重视企业相关的激励制度设计和成功的企业知识分享模式的借鉴，如国际商业机器公司（International Business Machines Corporation，IBM）的知识管理系统。

大量研究认为 IT 应用和采纳可以提升组织的创造力和创新绩效，因此，如何改善和提升企业 IT 应用水平，成为本书的重要内容。虽然不同的企业对 IT 应用的需求不同，但对知识管理的需求具有高度的一致性，如如何组织和梳理现有知识，把 IT 应用与企业知识的组织、提炼和管理融合起来，支持员工的创新，最终改善企业的创造力。当今我们处在大数据时代，企业拥有大量的信息，而信息的加工提炼可以形成组织的知识，这些知识如何组织存放，如何帮助员工实现创新一直是业界关注的重大问题。虽然我们可能被信息或数据淹没，但是利于 IT 工具可以帮助我们创造或提炼出有用的知识，同时改善组织中员工对知识分享质量的需求，因此，开发和引进好的知识管理系统对组织创新非常关键，通过知识管理系统的采纳可以把员工从知识的海洋中分离出来，让知识员工更多地关注如何从现有知识中挖掘出与新产品相关的知识，通过发现、挖掘或重构出新的知识或产品来改善创新效率。

信息时代，组织的发展与创新活动如何减少对个人的依赖，这需要信息技术的支撑，传统管理模式下企业知识的传递依赖于人的传承，使经济的发展及人类的创造由于知识的限制难以有快速的突破，一些企业的失败源于关键技术员工的流失或缺乏知识的积累，因此，企业大量的信息技术的采纳可以帮助企业实现知识的聚集，并促进员工的协同创新，而基于信息技术的企业知识的存储和使用可以使企业的研发逐步摆脱对个人的依赖。当今，大量企业基本上都有自己的 IT 系统，而如何促进现有系统的应用来改善创新环境值得我们认真思考。

关于如何提升企业 IT 应用水平，我们在实证的基础上提出了八个推论，这对指导企业通过流程管理能力和制度能力来改善 IT 应用水平有非常重要的实践意义。企业 IT 应用水平的提升可以促进组织创新环境的改善，而创新环境的改善能为组织带来创新效率，最终使组织获得创新绩效。当今信息技术飞速发展为企业运营管理过程带来可视化及过程的可追溯，海量数据的挖掘及知识的发现为我们创新管理带来了挑战，利用海量数据实现商业的创新将成为未来的发展趋势。

第6章　研究结论与局限

6.1　主要结论与创新

员工社会网络与创新行为是一个跨学科的应用研究，本书通过对企业研发员工的网络构建，以及员工的结构特征和关系特征的提取，分别对个人层面与组织层面的社会学与经济学变量进行建模，并应用实证研究方法解释影响员工创造力和组织创新行为的前因、中介和调节变量。其研究结论帮助企业从员工社会网络的视角推动不同层次的创新提供了理论和实践支持。本书通过文献回顾、理论推导及实证获得了以下主要结论。

（1）员工的网络形成与员工的社会属性、个人属性、员工关系和知识分享行为具有一定的关系，其中，员工个体特征与行为对员工工作咨询类网络与情感类网络的形成影响不同。

（2）员工不同情境下的整体网络高度相关，其中，员工咨询类网络会受到情感类网络的显著支持，因此，构建员工的情感网络来推动员工的知识分享有非常重要的现实意义。

（3）员工网络中的群体行为对个人行为具有显著影响，因此，建设良好的企业文化可以改善员工积极向上的行为和态度，促进员工间的正能量传递。

（4）部分员工网络结构特征、员工关系和知识分享行为对员工创造力有显著影响，而组织中员工知识分享可以部分或完全中介员工网络结构特征与创造力。因此，在组织中员工的知识分享对组织知识的重构与发现来推动员工的协同创新有非常重要的理论与现实意义。

（5）员工社会网络整体特征、员工相互关系、知识分享质量对组织创造力有显著影响，信息技术的采纳对组织创造力具有调节作用。因此，改善组织的创造力可以从不同的视角来实现，如研发团队的组建需要不同知识背景的员工组合，利用IT来提升个人知识的分享质量，规范企业的研发体系，通过文化建设改善研发员工的认同感，构建和谐的员工关系等。

（6）企业 IT 应用水平的提升和改善是改善组织创新能力的重要工具。本书提出并证明了制度能力和流程管理能力对 IT 应用水平的影响速度和加速度存在差异，研究认为，制度能力和流程管理能力对 IT 应用水平的总体影响速度为正，但加速度存在正负之分。因此，我们可以推论两种能力对 IT 应用水平速度的影响存在增速区间和减速区间，企业如果需要快速提升 IT 应用水平，可以根据自己的状态选择不同的 IT 提升路径。

本书围绕着知识型员工的社会网络如何影响个人或组织的创造力进行了理论和实证讨论，其理论推导及假设检验对企业如何通过员工整体网络资源的优化、利用和改善推动组织的创新有非常重要的理论和现实意义。本书创新主要有以下四个方面。

（1）应用经济学、社会网络理论和社会交换理论，揭示企业知识型员工的社会网络形成机制以及员工网络特征如何影响个人与组织创造力，为不同企业通过对员工网络这种操作性资源的优化来推动创新行为提供理论支持。

（2）通过对多企业研发员工社会网络的构建，提取员工网络特征变量和整体网络变量，应用计量的方法寻找员工的嵌入特征对个人知识分享行为与创造力的影响规律，其中，员工结构变量与网络整体自变量的提取并纳入经济学模型进行员工行为研究成为创新点之二，它为研发创新网络的构建提供了实践指导。

（3）从组织层面上应用嵌入性理论，解释研发员工异质性、员工关系及知识分享质量对创造力的影响，以及 IT 应用水平对组织创造力的调节作用的检验，对现有企业规范业务流程，提升企业知识重构的效率及创新能力，形成具有中国特色的企业知识型员工嵌入性创新理论提供理论和实践支持。

（4）由于 IT 应用水平对企业的创造力具有调节作用，因此，我们针对如何改善企业的 IT 应用水平进行了讨论。研究发现，企业的制度能力和流程管理能力对企业 IT 应用水平的影响存在差异，两种能力对企业 IT 应用水平影响具有阶段性。针对两种能力对企业 IT 应用影响的差异和存在拐点的特征，提炼出企业 IT 应用水平提升可根据企业制度和流程管理能力来确定优先发展路径，从而为快速改善企业创新环境提供支撑。

6.2　研究局限

本书从启动到完成共花了六年时间，研究的难度不在于理论和方法有多深，而在于如何去企业收集到能支撑研究的有效网络数据，以及如何有效测量组织与个人行为变量。六年来，笔者所领导的项目团队，从文献综述到研究问题的提出及研究构念模型的确定，查阅了大量文献。笔者所领导的研究团队在大量访谈企业后，对收集的数据进行反复筛选，最后形成本书的研究数据，通过近两年的时间反复思考、写作和书稿的整理，形成本书。然而，本书与任何其他研究一样存在一定的局限，具体不足体现在以下几个方面。

（1）由于社会网络研究方法是近几年引入企业管理问题的研究中，因此，在企业内部选择什么情境来描述或测量企业员工的社会网络缺少理论支持。虽然本书所选择的员工网络是来源于现有研究，但是，是否还存在更多对员工行为有更大影响的网络，如员工的微信网、电子邮件网等虚拟网络，这些数字网对行为的影响还需要更多的实证。

（2）关于员工网络的形成机制的研究，本书仅仅应用了一个案例来进行讨论，其结论缺乏普适性，如果要寻找员工网络的形成机制，需要以企业研发部门的整体网络为边界，进行更多的员工网络形成机制研究，才能寻找出普遍规律。如果应用多个案例来讨论员工社会网络的形成有两个问题需要解决：一是选择什么主题环境下的员工社会网络进行讨论；二是什么行为变量可以有效地解释研发员工的网络形成机制。

（3）个人创造力是如何到组织创造力，即组织行为的形成是群体行为累加还是减函数？这个问题在现有研究中一直没有一个答案，虽然，学者们认可组织的创造力是员工创造力的叠加，但是他们到底是如何叠加的需要更加深入的研究。

（4）从个人层面到组织层面的讨论最好是应用层次模型来解释变量间的关系，其研究结论更加可靠。本书由于个人层面的数据获取相当困难，所以我们无法完成至少 30 个以上的企业研发部门的调研，虽然我们想尽办法完成了近 18 个企业的个人层面的调研，但是从严格意义上讲可使用的数据集只有 9 个企业知识型员工聚集的数据，这也是本书的局限与不足之处。

6.3　未来的研究

本书虽然存在不足，但是至少为我们利用经济学与社会学的理论来解释企业内部的创新行为提供了实证的思考和研究范式，也搭起了如何应用嵌入性理论来揭示企业内部研发团队创新行为的研究框架。本书的局限也将成为笔者研究的新起点，在未来的研究中笔者希望通过更加系统的研究来弥补本书的不足，通过文献的研究加入更多的解释变量来讨论影响创造力的关键因素，这些因素一方面是组织本身所具有的，另一方面是外部因素。事实上，企业的内部网络也会受到一些其他因素的影响，如组织的转型、迁移、新员工的加入和破坏性技术等会引发组织中研发员工整体社会网络的演化，而演化的结果对组织的创新可能具有两面性。

　　未来笔者的研究主要从内部员工网络研究向企业与企业间的网络研究延伸，一方面加强和完善企业内部知识型员工网络的研究，另一方面把网络的边界进行拓展，将研究引申到以供应链协同创新的网络及特征。通过嵌入性理论、经济学理论及组织行为学理论来解释企业创新网络的形成与培养，帮助企业形成协同创新网络，支撑产业链上多节点的协同创新。

参 考 文 献

贝洪俊. 2003. 企业综合业绩考评系统解析[J]. 商业研究，（8）：35-38

薛靖，任子平. 2006. 从社会网络角度探讨个人外部关系资源与创新行为关系的实证研究[J]. 管理世界，（5）：150-153

边燕杰，张文宏. 2001. 经济体制、社会网络与职业流动[J]. 中国社会科学，（2）：77-89

曹科岩，龙君伟. 2009. 团队共享心智模式对团队有效性的影响机制研究[J]. 科研管理，30（5）：55-161

陈亮，陈忠，李海刚，等. 2009. 基于复杂网络的企业员工关系网络演化[J]. 上海交通大学学报，43（9）：1388-1393

陈荣德. 2004. 组织内部社会网络的形成与影响：社会资本观点[D]. 中山大学博士学位论文

陈文波，曾庆丰，黄荣辉. 2010. 跨组织信息系统与组织间社会网络的互动关系研究[J]. 软科学，24（1）：42-55

陈向东. 1998. 信息技术在产业领域中的扩散[J]. 中国工业经济，13（9）：49-53

陈向东，田珂. 2011. 嵌入理论体系性研究[J]. 青岛远洋船员学院学报，32（1）：17-22

陈艳莹，周娟. 2009. 经济学视角的社会网络研究述评[J]. 经济研究导刊，（8）：18-21

陈子凤，官建成. 2009. 合作网络的小世界性对创新绩效的影响[J]. 中国管理科学，17（3）：115-120

戴欣. 2010. 企业信息化水平的系统动力理论[M]. 北京：电子工业出版社

丁志华，李萍，胡志新，等. 2005. 团队创造力数学模型的研究[J]. 九江学院学报（自然科学版），20（3）：107-110

符正平，周文亮. 2010. 集群内企业社会资本对其创新绩效的影响[J]. 战略管理，2（1）：25-36

傅世侠，罗玲玲. 2005. 建构科技团体创造力评估模型[M]. 北京：北京大学出版社

格兰诺维特 M. 2002. 硅谷社会关系网络[A]//李钟文，米勒 W，韩柯克 M，等. 硅谷优势：创新与创业精神的栖息地[C]. 北京：人民出版社

郭强，施琴芬. 2004. 企业隐性知识显性化的外部机理和技术模式[J]. 自然辩证法研究，20（4）：69-72

郭彦丽，陈建斌，方德英. 2009. 基于实证的 IT 能力与风险研究[J]. 中国管理信息化，12（21）：126-129

胡婉丽，汤书昆. 2004. 基于研发过程的知识创造和知识转移[J]. 科学学与科学技术管理，25（1）：20-23

黄海艳，李乾文. 2011. 研发团队的人际信任对创新绩效的影响——以交互记忆系统为中介变量[J]. 科学学与科学技术管理，32（10）：173-179

黄攸立. 2010. 企业创新绩效影响因素的研究综述[J]. 北京邮电大学学报，12（4）：71-77

简兆权，刘荣，招丽珠. 2010. 网络关系、信任与知识共享对技术创新绩效的影响研究[J]. 研究与发展管理，22（2）：64-71

蒋天颖，王俊江. 2009. 智力资本、组织学习与企业创新绩效的关系分析[J]. 科研管理，30（4）：44-49

柯江林,孙健敏,石金涛,等.2007. 企业 R&D 团队之社会资本与团队效能关系的实证研究——以知识分享与知识整合为中介变量[J]. 管理世界, 10（3）: 89-101

兰建平, 苗文斌. 2009. 嵌入性理论研究综述[J]. 技术经济, 28（1）: 104-108

李怀斌. 2009. 客户嵌入型企业范式研究[M]. 北京: 清华大学出版社

李金华, 孙东川. 2006. 复杂网络上的知识传播模型[J]. 华南理工大学学报, 34（6）: 99-102

李久鑫, 郑绍濂. 2002. 管理的社会网络嵌入性视角[J]. 外国经济与管理, （6）: 6-10

李垣, 冯进路, 谢恩. 2003. 企业绩效评价体系的演进——过程、动因与发展趋势[J]. 预测, 22（3）: 34-38

林聚任. 2009. 社会网络分析: 理论、方法与应用[M]. 北京: 北京师范大学出版社

林南. 2001. 社会资本: 争鸣的范式和实证的检验[J]. 香港社会学学报, （2）: 1-38

林南. 2005. 社会资本: 关于社会结构与行动的理论[M]. 张磊译. 上海: 上海人民出版社

刘军. 2009. 整体网分析讲义[M]. 上海: 上海人民出版社

刘楼. 2008. 组织内社会网络、中心度与任务绩效[M]. 广州: 中山大学出版社

刘雪锋. 2007. 网络嵌入性与差异化战略及企业绩效关系研究[D]. 浙江大学博士学位论文

刘雪锋. 2009. 网络嵌入性影响企业绩效的机制案例研究[J]. 管理世界, （S1）: 3-15

柳飞红, 傅利平, 汪文良. 2009. 企业技术创新中隐性知识分享的探讨[J]. 技术经济与管理研究, （1）: 29-31

罗家德. 2006. 华人的人脉——个人中心信任网络[J]. 关系管理研究, （3）: 1-24

罗家德. 2010. 社会网分析讲义[M]. 第二版. 北京: 社会科学文献出版社

罗家德. 2011. 中国管理本质———个社会网的观点[J]. 南京理工大学学报（社会科学版）, 24（1）: 31-40

罗瑾琏, 王亚斌, 钟竞. 2010. 员工认知方式与创新行为关系研究——以员工心理创新氛围为中介变量[J]. 研究与发展管理, 22（2）: 1-8

吕振丽. 2006. 理性与嵌入——对威廉姆森与格兰诺维特组织理论的比较分[J]. 中共长春市委党校学报, 1999（4）: 61-64

马庆国. 2002. 管理统计: 数据获取、统计原理 SPSS 工具与应用研究[M]. 北京: 科学出版社

马亚男. 2003. 个人能力、团队能力、企业能力的转化扩散机制研究[J]. 科学学与科学技术管理, 24（11）: 109-111

米勒 K. 2000. 组织传播[M]. 第 2 版. 袁军, 等译. 北京: 华夏出版社

彭建平. 2005. 小型贸易公司 CRM 信息系统的探讨[J]. 现代管理科学, （9）: 85-87

彭建平. 2010. 基于企业能力观的企业 IT 应用水平研究[J]. 信息系统学报, 4（2）: 1-10

彭建平. 2011. 员工社会网络结构特征对关系绩效影响的比较研究——基于中外两个研发事业部员工整体社会网分析[J]. 社会, 31（4）: 49-64

彭建平. 2012. IT 应用对企业绩效的影响: 直接作用还是间接作用? [J]. 管理评论, 24（8）: 131-138

彭建平, 田宇. 2006. 通信工业中新技术和服务的扩散机理研究[J]. 现代管理科学, （5）: 57-60

彭建平, 谢康. 2010. 企业管理制度能力评价模型及其有效性研究[J]. 科技管理研究, （3）: 37-39

彭建平, 钟安云. 2011. 影响企业 IT 应用水平的关键因素比较分析[J]. 管理学报, 8（4）: 606-613

彭正龙, 陶然. 2008. 基于认知能力的项目团队内部知识特性对知识转移影响机制研究[J]. 情报杂志, 27（9）: 45-49

秦敏, 黄丽华. 2010. 员工 IT 使用行为及其能力提升的演化模式探讨[J]. 情报杂志, 29（8）: 192-196

邱泽奇. 2005. 技术与组织的互构——以信息技术在制造企业的应用为例[J]. 社会学研究, 43（2）: 43

任胜钢. 2010. 企业网络能力结构的测评及其对企业创新绩效的影响机制研究[J]. 战略管理, 13（1）: 69-80

任宗强,吴海萍,丁晓.2011.中小企业内外创新网络协同演化与能力提升[J].科研管理,32（9）：7-14

邵云飞,欧阳青燕,孙雷.2009.社会网络分析方法及其在创新研究中的运用[J].管理学报,6（9）：1188-1193

宋振晖,邓超.2005.企业信息化技术采纳理论的发展现状分析[J].信息技术与标准化,（1）：38-40

孙锐,张文勤,陈许亚.2012.R&D员工领导创新期望、内部动机与创新行为研究[J].管理工程学报,26（2）：12-20

汤超颖,朱月利,商继美.2011.变革型领导、团队文化与科研团队创造力的关系[J].科学学研究,29（2）：275-282

唐丽艳,王国红,张秋艳.2009.科技型中小企业与科技中介协同创新网络的构建[J].科技进步与对策,26（20）：79-82

汪淼军,张维迎,周黎安.2006.信息技术、组织变革和生产绩效——关于信息化阶段性互斥机制的实证研究[J].经济研究,（1）：65-77

汪淼军,张维迎,周黎安.2007.信息化组织行为与组织绩效：基于浙江企业的实证研究[J].管理世界,4（96）：96-104

王长峰.2009.知识属性、网络特征与企业创新绩效[D].山东大学博士学位论文

王大洲.2001.企业创新网络的进化与治理：一个文献综述[J].科研管理,22（5）：96-103

王端旭,国维潇,刘晓莉.2009.团队内部社会网络特征影响团队创造力过程的实证研究[J].软科学,23（9）：25-28

王凤彬,李奇会.2007.组织背景下的嵌入性研究[J].经济理论与经济管理,（3）：28-33

王辉,李晓轩,罗胜强.2003.任务绩效与情境绩效二因素绩效模型的验证[J].中国管理科学,11（4）：79-84

王黎萤,陈劲.2010.国内外团队创造力研究述评[J].研究与发展管理,22（4）：62-68

王立军.2003.信息技术扩散规律与传统产业改造的对策研究[J].软科学,17（1）：22-26

王莉,方澜,罗瑾琏.2011.顾客知识、创造力和创新行为的关系研究——基于产品创新过程的实证分析[J].科学学研究,29（5）：777-784

王农跃,梁新弘.2007.从Nolan阶段理论看我国企业IT成长的关键因素[J].科技管理研究,27（1）：238-240

王铁男,李一军,郝秋娟.2006.IS实施后组织单元间的相互依赖对绩效产生影响研究[J].管理世界,（7）：95-107

王习胜.2002.国内科技团队创造力评估研究述评[J].自然辩证法研究,18（8）：50-52

魏江,郑小勇.2010.关系嵌入强度对企业技术创新绩效的影响机制研究——基于组织学习能力的中介性调节效应分析[J].浙江大学学报,（9）：68-80

吴晓波,韦影.2005.制药企业技术创新战略网络中的关系性嵌入[J].科学学研究,23（4）：561-565

吴晓波,刘雪锋.2007.全球制造网络中知识转移过程及影响因素研究[J].技术经济,26（2）：1-6.

夏火松,蔡淑琴.2001.有效的知识管理系统[J].管理信息系统,（6）：47-50

肖鸿.1999.试析当代社会网研究的若干进展[J].社会学研究,3（1）：54-78

肖静华,谢康.2007.企业IT应用水平评价模型与等级分析[J].中山大学学报（社会科学版）,47（5）：110-118

肖玲诺,姜振寰,冯英浚.2005.知识经济下的管理有效性[J].科学学研究,23（4）：531-535

谢康.2000.中国企业的信息需求与信息化投资模式[J].管理世界,（3）：96-103

徐二明,郑平,吴欣.2006.影响知识分享的组织因素研究[J].经济管理,（24）：10-16

徐占忱,何明升.2005.知识转移障碍纾解与集群企业学习能力构成研究[J].情报科学,23（5）：

659-663

许庆瑞，郑刚，喻子达，等.2003. 全面创新管理（TIM）：企业创新管理的新趋势——基于海尔集团的案例研究[J]. 科研管理，24（5）：1-7

杨德林，史海锋.2005. R&D 项目组知识创造影响因素的实证研究[J]. 科学学与科学技术管理，（7）：92-96

杨玉浩，龙君伟.2008. 企业员工知识分享行为的结构与测量[J]. 心理学报，40（3）：350-357

姚俊.2009. "关系–结构"双重社会网络对任务绩效作用机制研究——N 城地产销售业调查结果的实证分析[J]. 软科学，23（3）：134-139

余伟萍.2004. 基于能力组合模型的企业持续发展研究[D]. 四川大学博士学位论文

袁晓婷，陈春花.2009. 社会网络嵌入性视角的创新型企业文化作用机制研究[J]. 科学学与科学技术管理，30（8）：158-162

曾楠，高山行，崔宁宁.2011. 企业内部资源、能力与外部网络对绩效的交互效应研[J]. 技术与创新管理，32（3）：230-236

曾德明，文金艳，禹献云.2012. 技术创新网络结构与创新类型配适对企业创新绩效的影响[J]. 软科学，26（5）：1-5

张宝建，胡海青，张道宏.2011. 企业创新网络的生成与进化——基于社会网络理论的视角[J]. 中国工业经济，（4）：117-126

张方华.2010. 网络嵌入影响企业创新绩效的概念模型与实证分析[J]. 中国工业经济，（4）：110-119

张鹏程，卫武，杨新.2009. 个人、团队和组织层次知识转化对绩效的影响[J]. 情报杂志，28（9）：107-111

张兆国，陈天骥，余伦.2002. 平衡计分卡：一种革命性的企业经营业绩评价方法[J]. 中国软科学，（5）：109-111

赵海峰，万迪，王朝波.2002. 信息技术应用水平对企业绩效影响的实证研究[J]. 研究与发展管理，14（4）：20-23

郑刚，任宗强.2009. 中小企业全面创新管理实施框架与典型模式[J]. 管理工程学报，23（S1）：12-17

郑仁伟，黎士群.2001. 组织公平. 信任与知识分享行为之关系性研究[J]. 人力资源管理学报，1（2）：69-93

周晓.2007. 社会资本和知识资本对技术创新的作用研究[J]. 哈尔滨工业大学学报（社会科学版），9（2）：87-90

Adler P S，Kwon S W. 2002. Socialcapital：prospectsfor a new concept[J]. Academy of Management Review，27（1）：17-40

Agarwal R，Gupta A K，Kraut R. 2008. Editorial overview：the interplay between digital and social networks[J]. Information System Research，19（3）：243-252

Ahuja M K，Galletta D F，Carley K M. 2003. Individual centrality and performance in virtual R&D groups：an empirical study[J]. Management Science，49（1）：21-38

Allen T J. 1977. Managing the Flow of Technology：Technology Transfer and the Dissemination of Technological Information within the R&D Organization[M]. Cambridge：Massachusetts Institute of Technology Press

Amabile T M. 1996. Creativity in Context：Update to the Social Psychology of Creativity[M]. Boulder：Westview Press

Amabile T M，Hennessey B A. 1988. The Conditions of Creativity，The Nature of Creativity：Contemporary Psychological Perspectives[M]. New York：Press Syndicate of the University of Cambridge

Amabile T M，Conti R，Coon H，et al. 1996. Assessing the work environment for creativity[J].

Academy of Management Journal, 39（5）: 1154-1184

Andersson U, Forsgren M, Holm U. 2002. The strategic impact of external networks: subsidiary performance and competence development in the multinational corporation[J]. Strategic Management Journal, （23）: 979-996

Andrews K M, Delahaye B L. 2000. Influences on knowledge processes in organizational learning: the psychological filter[J]. Journal of Management Studies, 37（6）: 2322-2380

Attewell P. 1992. Technology diffusion and organizational learning: the case of business computing[J]. Organization Science, 3（1）: 1-19

Axtell C M, Holman D J, Unsworth K L, et al. 2000. Shopfloor innovation: facilitating the suggestion and implementation of ideas[J]. Journal of Occupational and Organizational Psychology, 73（3）: 265-285

Bakos J Y. 1991. Information links and electronic marketplaces: implications of interorganizational information systems in vertical markets[J]. Journal of Management Information Systems, 8（2）: 31-52

Bambina A D. 2007. Online Social Support: The Interplay of Social Networks and Computer-Mediated Communication[M]. New York: Cambria Press

Bampo M, Ewing M T, Mather D R, et al. 2008. The effects of the social structure of digital networks on viral marketing performance[J]. Information Systems Research, 19（3）: 273-290

Barney J B. 1991. Firm resource a sustained competitive advantage[J]. Journal of Management, 17（1）: 99-120

Baron R M, Kenny D A. 1986. The moderator-mediator variable distinction in social psychological research: conceptual, strategic, and statistical considerations[J]. Journal of Personality and Social Psychology, 51（6）: 1173-1182

Batjargal B. 2003. Social capital and entrepreneurial performance in Russia: a longitudinal study[J]. Organization Study, 24（4）: 535-556

Baum J A C, Ingram P. 1998. Survival-enhancing learning in the Manhattan Hotel industry, 1898-1980[J]. Management Science, 44（7）: 996-1016

Berman S J, Hellweg S A. 1989. Perceived supervisor communication competence and supervisor satisfaction as a function of quality circle participation[J]. Journal of Business Communication, 26（2）: 103-122

Berry D C, Broadbent D E. 1987. The combination of explicit and implicit learning processes in task control[J]. Psychological Research, 49（1）: 7-15

Bian Y. 1997. Bringing strong ties back in: indirect ties, network bridges, and job searches in China[J]. American Sociological Review, 62（3）: 366-385

Borgatti S P, Foster P C. 2003. The network paradigm in organizational research: a review and typology[J]. Journal of Management, 29（6）: 991-1013

Borman W C, Motowidlo S J. 1993. Expanding the criterion domain to include elements of contextual performance[A]//Schmitt N, Bormaned W C. Personnel Selection in Organizations[C]. San Francisco: Jossey-Bass

Brass D J. 1984. Being in the right place: a structural analysis of individual influence in an organization[J]. Administrative Science Quarterly, 29（4）: 518-539

Brass D J. 1985. Men's and women's networks: a study of interaction patterns and influence in an organization [J]. Academy of Management Journal, 28（2）: 327-343

Bresman H, Birkinshaw J, Nobel R. 1999. Knowledge transfer in international acquisitions[J]. Journal of International Business Studies, 30（3）: 439-462

Brynjolfsson E, Mendelson H. 1993. Information systems and the organization of modern enterprise[J].

Journal of Organization Computing, 3（4）: 245-255

Brynjolfsson E, Hitt L. 1996. Paradox lost? Firm-level evidence on the returns to information systems spending[J]. Management Science, 42（4）: 541-558

Burt R S. 1992. Structural Holes: The Social Structure of Competition[M]. Cambridge: Harvard University

Burt R S. 1997. A note on social capital and network content[J]. Social Networks, 19（4）: 355-373

Burt R S. 2004. Structural holes and good ideas[J]. American Journal of Sociology, 110（2）: 349-399

Burt R S, Doreian P. 1982. Testing a structural model of perception: conformity and deviance with respect to journal norms in elite sociological methodology[J]. Quality and Quantity, 16（2）: 109-150

Burton P, Wu Y, Prybutok V R, et al. 2012. Differential effects of the volume and diversity of communication network ties on knowledge workers'performance[J]. IEEE Transactions on Professional Communication, 55（3）: 239-253

Byrne D. 1961. Interpersonal attraction and attitude similarity[J]. Journal of Abnormal and Social Psychology, 62（3）: 713-715

Byrne D. 1971. The Attraction Paradigm[M]. Orlando: Academic Press

Cancian F. 1967. Stratification and risk-taking: a theory tested on agricultural innovation[J]. American Sociological Review, 32（6）: 912-927

Carroll R J, Ruppert D. 1981. On prediction and the power transformation family[J]. Biometrika, 68（3）: 609-615

Cavusgil S T, Calantone R J, Zhao Y. 2003. Tacit knowledge transfer and final innovation capability[J]. Journal of Business and Industrial Marketing, 18（1）: 6-21

Chai K H, Yap C M, Wang X Y. 2010. Network closure's impact on firms' competitive advantage: the mediating roles of knowledge processes[J]. Journal of Engineering and Technology Management, 28（1）: 2-22

Chanchai T. 2008. IT-performance paradox revisited: resource-based and prisoner's dilemma perspective[J]. Journal of Applied Management and Entrepreneurship, 13（1）: 35-49

Chen M H, Chang Y C, Hung S C. 2008. Social capital and creativity in R & D project teams[J].R & D Management, 38（1）: 21-35

Choi H, Kim S H, Lee J. 2010. Role of network structure and network effects in diffusion of innovations[J]. Industrial Marketing Management, 39（1）: 170-177

Christina S C, Markus M L. 1995. How IT Creates Business Value: A Process Theory Synthesis. Proceedings of the Sixteenth International Conference on information Systems[M]. Amsterdam: The Netherlands

Coleman J S. 1989. Social Capital in the Creation of Human Capital[M]. Chicago: University of Chicago Press

Coleman J S. 1990. Commentary: social institutions and social theory[J]. American Sociological Review, 55（3）: 333-339

Connelly C E. Kelloway E K. 2003. Predictors of employees'perceptions of knowledge sharing culture[J]. Leadership & Organization Development Journal, 24（5）: 294-301

Constant D, Kiesler S, Sproull L. 1994. What's mine is ours, or is it? A study of attitudes about information sharing[J]. Information Systems Research, 5（4）: 400-421

Cowan R, Jonard N. 2004. Network structure and the diffusion of knowledge[J]. Journal of Economic Dynamics & Control, 28（8）: 1557-1575

Cross R, Cummings J N. 2004. Tie and network correlates of individual performance in knowledge-intensive work[J]. Academy of Management Journal, 47（6）: 928-937

Cummings J L, Teng B S. 2003. Transferring R&D knowledge: the key factors affecting knowledge transfer success[J]. Journal of Engineering and Technology Management, 20（1）: 39-68

Cummings J N. 2004. Work groups, structural diversity, and knowledge sharing in a global organization[J]. Management Science, 50（3）: 352-364

Cummings J N, Cross R. 2003. Structural properties of work groups and their consequences for performance[J]. Social Networks, 25（3）: 197-210

Dalton D R, Todor W D. 1979. Turnover turned over: an expanded and positive perspective[J]. Academy of Management Review, 4（2）: 225- 235

Danis W, Dollinger M J. 1998. A provisional comparison of factor structures using English, Japanese, and Chinese versions of the Kirton adaption-innovation inventory[J]. Psychological Reports, 83（3）: 1095-1103

Davenport T H, Prusak L. 1998.Working Knowledge: How Organizations Manage What They Know[M]. Boston: Harvard Business School Press

de Groot M H. 1974. Reaching a consensus[J]. Journal of the American Statistical Association, 69（345）: 118-135

de Long D W, Fahey L. 2002. Diagnosing cultural barriers to knowledge management[J]. Academy of Management Executive, 14（4）: 113-127

de Meyer A C L. 1985. The flow of technological innovation in an R & D department[J]. Research Policy, 14（6）: 315-328

Deci E L, Ryan R M. 1985. Self-Determination[M]. Hoboken: John Wiley & Sons

DiMaggio P J, Hargittai E, Neuman R W, et al. 2001. Social implications of the internet[J]. Annual Review of Sociology, 27（1）: 307-336

Drucker P F. 1993. Post-Capitalist Society[M]. New York: Harper Business

Dyer J H, Singh H. 1998. The relational view: cooperative strategy and sources of interorganizational competitive advantage[J]. Academy of Management Review, 23（4）: 660-679

Dyer J H, Nobeoka K. 2000. Creating and managing a high performance knowledge-sharing network: the Toyota case[J]. Strategic Management Journal, 21（3）: 345-367

Eckerson W. 1990. EDI efforts progress slowly in US firms[J]. Network World, 7（24）: 23-24

Edmondson A. 1999. Psychological safety and learning behavior in work teams[J]. Administrative Science Quarterly, 44（2）: 350-383

Edmondson A C, Nembhard I M. 2009. Product development and learning in project teams: the challenges are the benefits[J]. Journal of Product Innovation Management, 26（2）: 123-138

Eisenberger R, Armeli S. 1997. Can salient reward increase creative performance without reducing intrinsic creative interest? [J]. Journal of Personality and Social Psychology, 72（3）: 652-663

Eisenberger R, Rhoades L. 2001. Incremental effects of reward on creativity[J]. Journal of Personality and Social Psychology, 81（4）: 728-741

Eisenberger R, Shanock L. 2003. Rewards, intrinsic motivation, and creativity: a case study of conceptual and methodological isolation[J]. Creativity Research Journal, 15（2-3）: 121-130

Farmer S M, Tierney P, Kung-McIntyre K. 2003. Employee creativity in Taiwan: an application of role identity theory[J]. Academy of Management Journal, 46（5）: 618-630

Feeley T H, Hwang J, Barnett G A. 2008. Predicting employee turnover from friendship networks[J]. Journal of Applied Communication Research, 36（1）: 56-73

Festinger L. 1954. A theory of social comparison processes[J]. Human Relations, 7（2）: 117-140

Fichman R G. 1992. Information technology diffusion: a review of empirical research[C]. The Thirteenth International Conference on Information Systems

Fleming L, Mingo S, Chen D. 2007. Collaborative brokerage, generative creativity and creative success[J]. Administrative Science Quarterly, 52（3）: 443-475

Freeman L C. 1977. A set of measures of centrality based upon betweenness[J]. Sociometry, 40（1）: 35-41

Freeman L C. 1979. Centrality in social networks conceptual clarification[J]. Social Networks, 1（3）: 215-239

French Jr J R P. 1956. A formal theory of social power[J]. Psychological Review, 63（3）: 181-194

Friedkin N E. 1998. A Structural Theory of Social Influence[M]. New York: Cambridge University Press

Galbraith C S. 1990. Transferring core manufacturing technologies in high-technology firms[J]. California Management Review, 32（4）: 56-70

Gemunden H G. 1996. Tomas rtitter, peter heydebreck, network configuration and innovation success: an empirical analysis in german high-tech industries[J]. International Journal of Research in Marketing, 13（5）: 449-462

George J M, Zhou J. 2001. When openness to experience and conscientiousness are related to creative behavior: an interactional approach[J]. Journal of Applied Psychology, 86（3）: 513-524

Ghoshal S, Bartlett C A. 1994. Linking organizational context and managerial action: the dimensions of quality of management[J]. Strategic Management Journal, 15（S2）: 91-112

Gilsing V, Nooteboom B. 2005. Density and strength of ties in innovation networks: an analysis of multimedia and biotechnology[J]. European Management Review, 2（3）: 179-197

Gilson L L. 2001. Diversity, dissimilarity and creativity: does group composition or being different enhance or hinder creative performance[R]. Washington, D. C.: Academy of Management Meetings

Gong Y, Huang J C, Farh J L. 2009. Employee learning orientation, transformational leadership, and employee creativity: the mediating role of employee creative self-efficacy[J]. Academy of Management Journal, 52（4）: 765-778

Gough H G. 1979. A creative personality scale for the adjective check list[J]. Journal of Personality and Social Psychology, 37（8）: 1398-1405

Granovetter M. 1973. The strength of weak ties[J]. American Journal of Sociology, 78（6）: 109-125

Granovetter M. 1978. Threshold models of collective behavior[J]. American Journal of Sociology, 83（6）: 1420-1443

Granovetter M. 1983. The strength of weak ties: a network theory revisited[J]. Sociological Theory, 1（1）: 201-233

Granovetter M. 1985. Economic action and social structure: the problem of embeddedness[J]. American Journal of Sociology, 91（3）: 481-510

Granovetter M. 1992. Economic institutions as social constructions: a framework for analysis[J]. Acta Sociologia, 35（1）: 3-11

Granovetter M. 2000. A Theoretical Agenda for Economic Sociology [M]. New York: Russell Sage Foundation

Granovetter M. 2005. The impact of social structure on economic outcomes[J]. Journal of Economic Perspectives, 19（1）: 33-50

Grant R M. 1996. Prospering in dynamically-competitive environments: organizational capability as knowledge integration[J]. Organization Science, 7（4）: 375-387

Guilford J P. 1954. Psychometric Methods[M]. New York: McGraw-Hill

Gulati R, Nohria N, Zaheer A. 2000. Strategic networks[J]. Strategy Management Journal, 21（3）:

203-215

Hagedoorn J. 2006. Understanding the cross level embeddedness of interfirm partnership formation[J]. Academyof Management Review, 31（3）: 670-680

Hahn J, Moon J Y, Zhang C. 2008. Emergence of new project teams from open source software developer networks: impact of prior collaboration ties[J]. Information Systems Research, 19（3）: 369-391

Hansen T M. 1999. The search-transfer problem: the role of weak ties in sharing knowledge across organization subunits[J]. Administrative Science Quarterly, 44（1）: 82-111

Harachiewicz J M, Elliot A J. 1993. Achievement goals and intrinsic motivation[J]. Journal of Personality and Social Psychology, 65（5）: 904-915

Harary F. 1959. On the measurement of structural balance[J]. Behavioral Science, 4（4）: 316-323

Harrison D A, PriceK H, Gavin J H, et al. 2002. Time, teams and task performance: changing effects of surface-and deep-level diversity on group functioning[J]. Academy of Management Journal, 45（5）: 1029-1045

Hayek F. 1973. Avon, Law, Legislation and Liberty: Rules and Order [M]. Chicago: University of Chicago Press

Hendriks P. 1999. Why Share Knowledge? The influence of ict on the motivation for knowledge sharing[J]. Knowledge and Process Management, 6: 91-101

Hirst G, van Knippenberg D, Zhou J. 2009. A cross-level perspective on employee creativity: goal orientation, team learning behavior, and individual creativity[J]. Academy of Management Journal, 52（2）: 280-293

Hitt L M, Brynjolfsson E. 1996. Productivity, business profitability and consumer surplus: three different measures of information technology value[J]. Management Information System Quarterly, 20（2）: 121-142

Hitt L M, Brynjolfsson E. 1998. Beyond the productivity paradox[J]. Communications of the ACM, 41（8）: 49-55

Holland C P, Light B, Beck P, et al. 2000. An international analysis of the maturity of enterprise resource planning （ERP）systems use[C]. Proceedings of the Sixth Americas Conference on Information Systems（AMCIS）, Association for Information Systems, Long Beach, California, USA

Holland D, Skarke G. 2008. Business&IT alignment: then&now, a striking improvement[J]. Strategic Finance, 89（10）: 42

Hollis D R. 1991. Banking strategies for electronic data interchange[J]. World Banking, 10（2）: 17-20

Hsia T C. 1977. System Identification: Least-Squares Methods[M]. Lexington: Lexington Books

Hsu P F. 2014. Commodity or competitive advantage? Analysis of the ERP value paradox[J]. Electronic Commerce Research and Applications, 21（6）: 412-424

Huggins R. 2010. Forms of network resource: knowledge access and the role of inter-firm networks[J]. International Journal of Management Reviews, 9（12）: 335-352

Hunter S T, Bedell K E, Mumford M D. 2007. Climate for creativity: a quantitativereview[J]. Creativity Research Journal, 19: 69-90.

Ibarra H. 1992. Homophily and differential returns: sex differences in network structure and access in an advertising firm[J]. Administrative Science Quarterly, 37（3）: 422-447

Ibarra H. 1995. Race, opportunity and diversity of social circles in managerial networks[J]. Academy of Management Journal, 38（3）: 673-703

Ibarra H, Andrews S B. 1993. Power, social influence and sense making: effects of network centrality and proximity on employee perceptions[J]. Administrative Science Quarterly, 38（2）: 277-303

Ipe M. 2003. Knowledge sharing on organizations: a conceptual framework[J]. Human Resource Development Review, 2（4）: 337-359

Jensen M, Meckling W. 1996. Specific and general knowledge and organizational structure[J]. Journal of Applied Corporate Finance, 8（2）: 17-38

Jeyaraj A. 2007. The Effect of Influence Tactics and Contingency Factors on the Adoption and Diffusion of Is/It Innovations in Social Networks[M]. Saint Louis: University of Missouri

Jones G R, George J M. 1988. The experience and evolution of trust: implications for cooperation and teamwork[J]. Academy of Management Review, 23（3）: 531-546

Jorgenson D, Sitroh K. 1999. Information technology and growth[J]. American Economic Review, 90（2）: 161-167

Kang S C, Morris S S, Snell S A. 2003. Extending the human resource architecture: relational archetypes and value creation[R]. CAHRS' working paper series

Kaynak H. 2003. The relationship between total quality management practices and their effects on firm performance[J]. Journal of Operations Management, 21（4）: 405-435

Kerlinger F N. 1986. Foundations of Behavioral Research[M]. New York: Holt, Rinehart and Winston

Khan O J, Jones N. 2011. Harnessing tacit knowledge for innovation creation in multinational enterprises: an internal social network approach[J]. Journal for International Business and Entrepreneurship Development, 5（3）: 232-248

Kijkuit B, van den Ende J. 2007. The organizational life of an idea: integrating social network, creativity and decision-making perspectives[J]. Journal of Management Studies, 44（6）: 863-882

Kijkuit B, van den Ende J. 2010. With a little help from our colleagues: a longitudinal study of social networks for innovation[J]. Organization Studies, 31（4）: 451-479

Kim H, Park Y. 2009. Structural effects of R&D collaboration network on knowledge diffusion performance[J]. Expert Systems with Applications, 36（5）: 8986-8992

Kim J, Wilemon D. 2002. Focusing the fuzzy front—end in new product development[J]. R&D Management, 32（4）: 269-279

King J L, Kraemer K L. 1984. Evolution and organizational information system: an assessment of Nolan's stage model[J]. Communications of the ACM, 27（5）: 466-478

King W R, Teo T S H. 1997. Integration between business planning and information systems planning: validating a stage hypothesis[J]. Decision Sciences, 28（2）: 279-308

Kirton M. 1976. Adaptors and innovators: a description and measure[J]. Journal of Applied Psychology, 61（5）: 622-629.

Kirton M J. 1994. Adaptors and Innovators: Styles of Creativity and Problem Solving[M]. London: Routledge

Klette T J, Griliches Z. 2000. Empirical patterns of firm growth and R&D investment: a quality ladder model interpretation[J]. Economic Journal, 110（463）: 363-387

Kogut B, Zander U. 1992. Knowledge of the firm, combinative capabilities, and the replication of technology[J]. Organization Science, 3（3）: 383-397

Krackhardt D. 1990. Assessing the political landscape: structure, cognition, and power in organizations[J]. Administrative Science Quarterly, 35（2）: 342-369

Krackhardt D. 1992. The strength of strong ties: the importance of philos in organizations[J]. Networks and Organizations: Structure, Form, and Action, 216: 239

Krackhardt D, Brass D J. 1994. Intraorganizational Networks: The Micro Side[M]. London: Sage Publication

Landry R, Amara N, Lamari M. 2002. Does social capital determine innovation? To what extent? [J]. Technological Forecasting & Social Change, 69（7）: 681-701

Lapierre J, Giroux V P. 2003. Creativity and work environment in a high-tech[J]. Creativity and Innovation Management, 12（1）: 11-23

Lauer T W. 2000. Side effects of mandatory EDI order processing in the automotive supply chain[J]. Business Process Manage, 6（5）: 366-375

Lee T W, Sablynski C J, Burton J P, et al. 2004. The effect s of job embeddedness on organizational citizenship, job performance, volitional absences, and voluntary turnover[J]. Academy of Management Journal, 47（5）: 711-722

Leenders Th A J, van Engelen J M L, Kratzer J. 2003. Virtuality, communication, and new product team creativity: a social network perspective[J]. Journal of Engineering and Technology Management, 20（1）: 69-92

Leonard D, Straus S. 1997. Putting your company's whole brain to work[J]. Harvard Business Review, 75（4）: 110-122

Levin D Z, Cross R. 2004. The strength of weak ties you can trust: the mediating role of trust in effective knowledge transfer[J]. Management Science, 50（11）: 1477-1490

Lin H F. 2007. Knowledge sharing and firm innovation capability: an empirical study[J]. International Journal of Manpower, 28（3-4）: 315-332

Lincoln J R, Miller J. 1979. Work and friendship ties in organizations: a comparative analysis of relation networks[J]. Administrative Science Quarterly, 24（2）: 181-199

Liu X F, Wu X B. 2011. Technology embeddedness, innovation differentiation strategies and firm performance: evidence from Chinese manufacturing firms[J]. Innovation-Management Policy & Practice, 13（1）: 20-35

Lorraina F, White H C. 1971. Structural equivalence of individuals in social networks[J]. Journal of Mathematical Sociology, 1（1）: 49-80

Lusch R F, Vargo S L, O'Brien M. 2007. Competing though service: insights from service-dominant logic[J]. Journal of Retailing, 83（1）: 5-18

Lyytinen K. 1991. Penetration of information technology in organizations: a comparative study using stage models and transaction costs[J]. Scandinavian Journal of Information System, （3）: 31-58

Madjar N. 2008. Emotional and informational support from different sources and employee creativity[J]. Journal of Occupational and Organizational Psychology, 81（1）: 83-100

Marsden P V, Friedkin N E. 1994. Advance in social Network Analysis[M]. London: Sage Publication

Maskell P. 1999. Social capital, innovation and competitiveness[A]//Baron S, Field J, Schuller I. Social Capital[C]. Oxford: Oxford University Press

McCusker T. 1994. How to get more value from EDI[J]. Datamation, 40（9）: 56-60

McEvily B, Zaheer A. 1999. Bridging ties: a source of firm heterogeneity in competitive capabilities[J]. Strategic Management Journal, 20（12）: 1133-1156

McEvily B, Marcus A. 2005. Embedded ties and the acquisition of competitive capabilities[J]. Strategic Management Journal, 26（11）: 1033-1055

McFadyen M A, Cannella Jr A A. 2004. Social capital and knowledge creation: diminishing returns of the number and strength of exchange[J]. Academy of Management Journal, 47（5）: 735-746

McPherson M, Smith-Lovin L, Cook J M. 2001. Birds of a feather: Homophily in social networks[J]. Annual Review of Sociology, 27（1）: 415-444

Meagher K, Rogers M. 2004. Network density and R&D spillovers[J]. Journal of Economic Behavior & Organization, 53（2）: 237-260

Meyer G W. 1994. Social information processing and social networks: a test of social influence mechanisms[J]. Human Relations, 9（47）：1013-1047

Michael T, Mark A V, Lim J S. 1999. Manufacturing technology and strategy formulation：keys to enhancing competitiveness and improving performance[J]. Journal of Operations Management, 17（4）：411-428

Mizruchi M S, Stearns L B. 2001. Getting deals done：the use of social networks in bank decision-making[J]. American Sociological Review, 66（5）：647-671

Moenaert R K, de Meyer A, Souder W E, et al. 1995. R&D/marketing communication during the fuzzy front-end[J]. IEEE Transactions on Engineering Management, 42（3）：243-258

Mumford M D, Gustafson S B. 1988. Creativity syndrome：integration, application, and innovation[J]. Psychological Bulletin, 103（1）：27-43

Nahapiet J, Ghoshal S. 1998. Social capital, intellectual capital, and the organizational advantage[J]. Academy of Management Review, 23（2）：242-266

Nelson K M, Cooprider J G. 1996. The contribution of shared knowledge to IS group performance [J]. Management Information System Quarterly, 20（4）：409-429

Ngai E, Law C, Wat F. 2008. Examining the critical success factors in the adoption of enterprise resource planning[J]. Computers in Industry, 59（6）：548-564.

Nolan R L. 1973. Managing the computer resource：a stage hypothesis[J]. Communications of the ACM, 7（16）：399-405

Nonaka I, Takeuchi H. 1996. The Knowledge-Creating Company：How Japanese Companies Create the Dynamics of Innovation[M]. Oxford：Oxford University Press

Nooteboom B. 1999. Innovation, learning and industrial organization[J]. Cambridge Journal of Economics, 23（2）：127-150

Obstfeld D. 2005. Social networks, the tertius lungens orientation, and involvement in innovation[J]. Administrative Science Quarterly, 50（1）：100-130

Oldham G R, Cummings A. 1996. Employee creativity：personal and contextual factors at work[J]. Academy of Management Journal, 39（3）：607-634

Oliner S D, Sichel D E. 1994. Computers and output growth revisited：how big is the puzzle? [J]. Brookings Papers on Economic Activity,（2）：273-317

Osterloh M, Frey B S. 2000. Motivation, knowledge transfer, and organizational forms[J]. Organization Science, 11（5）：538-550

Paulus P B. 2000. Groups, teams and creativity：the creativity potential of ideal-generating group[J]. Applied Psychology：an International Review, 49（2）：237-262

Peng G, Mu J F. 2011. Network Structures and online technology adoption[J]. IEEE Transactions on Engineering Management, 58（2）：323-333

Peng J P, Quan J. 2011. The strength of individual relationships and employee knowledge sharing behavior, thailand[C]. Proceedings of the 11th International Conference on Electronic Business（ICEB）

Peng J P, Quan J. 2012. Characteristics of social networks and employee behavior and performance：a Chinese case study of a state-owned enterprise[J]. Information Resources Management Journal, 25（4）：26-45

Peng J P, Zhang G, Chen R, et al. 2011. Impacts of essential elements of management on IT application maturity—a perspective from firms in China [J]. Decision Support Systems, 51（1）：88-98

Peng J P, Quan J, Zhang G, et al. 2016. Mediation effect of business process and supply chain management capabilities on the impact of IT on firm performance：evidence from Chinese firms[J]. International Journal of Information Management, 36（1）：89-96

Perry-Smith J E. 2006. Social yet creative：the role of social relationships in facilitating individual creativity[J]. Academy of Management Journal, 49 (1): 85-101

Perry-Smith J E, Shalley C E. 2003. The social side of creativity: a static and dynamic social network perspective[J]. Academy of Management Review, 28 (1): 89-106

Pirola-Merlo A, Mann L. 2004. The relationship between individual creativity and team creativity: aggregating across people and time[J]. Journal of Organizational Behavior, 25 (2): 235-257

Podolny J M, Baron J N. 1997. Resources and relationships: social networks and mobility in the workplace[J]. American Sociological Review, 62 (4): 673-693

Polanyi K. 1944. The Great Transformation: The Political and Economic Origins of Our Time[M]. Boston: Beacon Press

Polanyi M. 1958. Personal Knowledge[M]. Chicago: University of Chicago Press

Polanyi M. 1966. The logic of tacit inference[J]. Philosophy, 41 (155): 1-18

Porter M E, Millar V E. 1985. How information gives you competitive advantage[J]. Harvard Business Review, 64 (4): 149-160

Preece J K. 1999. Empathic communities: balancing emotional and factual communication[J]. Interacting with Computers, 12 (1): 63-77

Preece J K. 2001. Ghozati, observations and explorations of empathy online[A]// Rice R R, Katz J E. The Internet and Health Communication: Experience and Expectations[C]. Thousand Oaks: Sage Publications

Ray G, Muhanna W A, Barney J B. 2005. Information technology and the performance of the customer service process: a resource-based analysis [J]. MIS Quarterly, 29 (4): 625-652.

Reagans R, McEvily B. 2003. Network structure and knowledge transfer: the effects of cohesion and range[J]. Administrative Science Quarterly, 48 (2): 240-267

Redmond M R, Mumford M D, Teach R. 1993. Putting creativity to work: effects of leader behavior on subordinate creativity[J]. Organizational Behavior and Human Decision Processes, 55 (1): 120-151

Rego A, Machado F, Leal S, et al. 2009. Are hopeful employees more creative? An empirical study[J]. Creativity Research Journal, 21 (2-3): 223-231

Robertson T S, Gatignon H. 1986. Competitive effects on technology diffusion[J]. Journal of Marketing, 50 (3): 1-12

Rogers E M. 1995. Diffusion of Innovations[M]. New York: Free Press

Romero C L, de Amo M D A, Borja M A G, et al. 2011. Adoption of social networking sites: extending the technology acceptance model integrating trust and perceived risk[J]. Cuadernos De Economia Y Direccion De La Empresa, 14 (3): 194-205

Ronald S B. 1992. Structural Holes: The Social Structure of Competition[M]. Cambridge: Harvard University Press

Rowley T, Behrens D, Kackhardt D. 2000. Redundant governance structures: an analysis of structural and relational embeddedness in the steel and semiconduct or industries[J]. Strategic Management Journal, 21 (3): 369-386

Ruggles R. 1998. The state of the notion : knowledge management in practice[J]. California Management Review, 40 (3): 80-89

Saaksjarvi M. 1985. End-user participation and the evolution of organizational information systems: an empirical assessment of Nolan's stage mode[C]. Proceedings of the Twenty-First Annual Conference on Computer Personnel Research, Minneapolis, Minnesota, United States

Santhanam R, Hartono E. 2003. Issues in linking information technology capability to firm performance[J]. Management Information System Quarterly, 27 (1): 125-153

Schepers P, van den Berg P T. 2007. Social factors of work-environment creativity[J]. Journal of

Business and Psychology, 21（3）: 407-428

Seers A. 1989. Team-member exchange quality: a new construct for role-making research[J]. Organizational Behavior And Human Decision Processes, 43（1）: 118-135

Senge P. 1997. Sharing knowledge: the leader's role is key to a learning culture[J]. Executive Excellence, 14（11）: 17-18

Shalley C E. 1995. Effects of coaction, expected evaluation, and goal setting on creativity and productivity[J]. Academy of Management Journal, 38（2）: 483-503

Shalley C E, Perry-Smith J E. 2001. Effects of social-psychological factors on creative performance: the role of informational and controlling expected evaluation and modeling experience[J]. Organizational Behavior And Human Decision Processes, 84（1）: 1-22

Shalley C E, Gilson L L, Blum T C. 2000. Matching creativity requirements and the work environment: effects on satisfaction and intentions to leave[J]. Academy of Management Journal, 43（2）: 215-223

Shin S J, Zhou J. 2003. Transformational leadership, conservation, and creativity: evidence from korea[J]. Academy of Management Journal, 46（6）: 703-714

Sidorova A, Evangelopoulos N, Valacich J S. 2008. Thiagarajan ramakrishnan. Uncovering the intellectual core of the information systems discipline [J]. Management Information System Quarterly, 32（3）: 467-482

Siegel D. 1997. The impact of computers on manufacturing productivity growth: a multiple-indicators multiple-causes approach[J]. Review of Economics & Statistics, 79（1）: 68-78

Simon H A. 1967. Motivational and emotional controls of cognition[J]. Psychological Review, 74（1）: 29-39

Simonin B L. 1999. Ambiguity and the process of knowledge transfer in strategic alliances[J]. Strategic Management Journal, 20（7）: 595-623

Simonton D K. 1984. Artistic creativity and interpersonal relationships across and within generations[J]. Journal of Personality and Social Psychology, 46: 1273-1286

Simonton D K. 1999. Origins of Genius [M]. Oxford: Oxford University Press

Simsek Z, Lubatkin M H, Floyd S W. 2003. Interfirm networks and entrepreneurial behavior: a structural embeddedness perspective[J]. Journal of Management, 29（3）: 427-442

Singh P V, Tan Y, Mookerjee V. 2011. Network effects: the influence of structural social capital on open source project success[J]. Management Information System Quarterly, 35（4）: 813-829

Snijders T A B. 2001. The statistical evaluation of social network dynamics[J]. Sociological Methodology, 31（1）: 361-395

Snijders T A B. 2005. Models for longitudinal network data[J]. Models and Methods in Social Network Analysis, （1）: 215-247

Sobel M, Weiss G H. 1970. Play-the-winner sampling for selecting the better of two binomial populations[J]. Biometrika, 57（2）: 357-365

Soh C, Markus M L. 1995. How IT creates business value: a process theory synthesis[C]. Proceedings of the Sixteenth International Conference on information Systems, Amsterdam, The Netherlands

Sparrowe R T, Liden R C, Wayne S J, et al. 2001. Social networks and the performance of individuals and groups[J]. Academy of Management Journal, 44（2）: 316-325

Starbuck W H. 1992. Learning by knowledge-intensive firms[J]. Journal of management studies, 29（6）: 713-740

Stein B S. 1989. Memory and Creativity[M]. New York: Springer

Sternberg R J. 1998. Handbook of Creativity[M]. Oxford: Cambridge University Press

Sternberg R J, Lubart T I. 1995. Defying the Crowd: Cultivating Creativity in a Culture of

Conformity[M]. New York: Free Press

Strassmann P A. 1990. The Business Value of Computers[M]. New Canaan: Information Economics Press

Sundararajan A, Provost F, Oestreicher-Singer G, et al. 2013. Information in digital, economic and social networks[J]. Information Systems Research, 24（4）: 883-905

Szulanski G. 1996. Exploring internal stickiness: impediments to the transfer of best practice within the firm[J]. Strategic Management Journal, 17（10）: 27-43

Szulanski G. 2000. The process of knowledge transfer: a diachronic analysis of stickiness[J]. Organizational Behavior and Human Decision Processes, 82（1）: 9-27

Taggar S. 2002. Individual creativity and group ability to utilize individual creative resources: a multilevel model[J]. Academy of Management Journal, 45（2）: 315-330

TangPong C, Hung K T, Ro Y K. 2008. IT-performance paradox revisited: resource-based and prisoner's dilemma perspective[J]. Journal of Applied Management and Entrepreneurship, 13（1）: 35-49

Thelwall M. 2009. Homophily in myspace[J]. Journal of the American Society for Information Science and Technology, 60（2）: 219-231

Tierney P, Farmer S M. 2002. Creative self-efficacy: its potential antecedents and relationship to creative performance[J]. Academy of Management Journal, 45（6）: 1137-1148

Tierney P, Farmer S M, Graen G B. 1999. An examination of leadership and employee creativity: the relevance of traits and relationships[J]. Personnel Psychology, 52（3）: 591-620

Travers J. Milgram S. 1969. An experimental study of the small world problem[J]. Sociometry, 32（4）: 425-443

Tsai W P, Ghoshal S. 1998. Social capital and value creation: the role of intrafirm networks[J]. Academy of Management Journal, 41（4）: 464-476

Uzzi B. 1996. The source and consequences of embeddedness for the economic performance of organizations: the network effect[J]. American Sociological Review, 61（4）: 674-698

Uzzi B. 1997. Social structure and competition in interfirm networks: the paradox of embeddedness[J]. Administrative Science Quarterly, 42（1）: 35-67

Uzzi B, Spiro J. 2005. Network effects revisited: the role of strong ties in technology selection[J]. Academy of Management Journal, 48（4）: 710-720

van den Berg P E W, Arentze T A, Timmermans H J P. 2012. New ICTs and social interaction: modelling communication frequency and communication mode choice[J]. New Media & Society, 14（6）: 987-1003

van den Hooff B, de Ridder J A. 2004. Knowledge sharing in context: the influence of organizational commitment, communication climate and CMC use on knowledge sharing[J]. Journal of Knowledge Management, 8（6）: 117-130

van der Aa W, Elfring T. 2002. Realizing innovation in services[J]. Seandinavian Journal of Management, 18（2）: 155-171

van Scotter J R, Motowidlo S J. 1996. Interpersonal facilitation and job dedication as separate facets of contextual performance[J]. Journal of Applied Psychology, 81（5）: 525-531

Vickery S, Calantone R, Droge C. 1999. Supply chain flexibility: an empirical study[J]. Journal of Supply Chain Management, 35（3）: 16-24

Walker G, Kogut B, Shan W J. 1997. Social capital, structural holes and the formation of an industry network[J]. Organization Science, 8（2）: 109-125

Walter A, Muller T A, Helfert G, et al. 2003. Functions of industrial supplier relationships and their impact on relationship quality[J]. Industrial Marketing Management, 32（2）: 159-169

Wang C, Lan H L, Xie H M. 2010. Does learning process mediate the relationship between social control and production innovation of international joint ventures in China? [J]. Journal of Service Science and Management, 3（1）: 84-90

Wang E T G, Seidmann A, Barron T. 1997. Contracting structures for custom software development: the impacts of informational rents and uncertainty on internal development and outsourcing[J]. Management Science, 43（12）: 1726-1744

Watts D J. 1999. Networks, dynamics, and the small-world phenomenon[J]. American Journal of Sociology, 105（2）: 493-527

Weber C, Weber B. 2011. Exploring the antecedents of social liabilities in CVC triads-A dynamic social network perspective[J]. Journal of Business Venturing, 26（2）: 255-272

Wellman B, Berkowitz S D. 1988. Social Structures: A Network Approach[M]. New York: Cambridge University Press

Wernerfelt B. 1984. A resource-based view of the firm[J]. Strategic Management Journal, 5（2）: 171-180

Whiteman G, Cooper W H. 2000. Ecological embeddedness[J]. Academy of Management Journal, 43（6）: 1265-1282

Whitener E M, Brodt S E, Korsgaard M A, et al. 1998. Managers as initiators of trust: an exchange relationship framework for understanding managerial trustworthy behavior[J]. Academy of Management Review, 23（3）: 513-531

Williamson O E. 1985. The Economic Institutions of Capitalism: Firms, Markets, Relational Contracting[M]. NewYork: Free Press

Wolfgang B. 2001. Knowledge management: core competence in competition[C]. The Future of the Automotive Industry: Challenges and Concepts for the 21st century, Pa.Society of Automotive Engineers

Woodman R W, Sawyer J E, Griffin R W. 1993. Toward a theory of organizational creativity[J]. Academy of Management Review, 18（2）: 293-321

Wynder M. 2007. The interaction between domain-relevant knowledge and control system design on creativity[J]. Australian Journal of Management, 32（1）: 135-152

Yamin S, Gunasekaran A T, Mavondo F. 1999. Relationship between generic strategies, competitive advantage and organizational performance: an empirical analysis[J]. Technovation, 19（8）: 507-518

Yusuf Y Y, Gunasekaran A, Adeleye E O, et al. 2004. Agile supply chain capabilities: determinants of competitive objectives[J]. European Journal of Operational Research, 159（2）: 379-392

Zaheer A, Bell G G. 2005. Benefiting from network position-firm capabilities, structural holes, and performance[J]. Strategic Management Journal, 26（9）: 809-825

Zahra S, Bogner W. 2000. Technology strategy and software new venture performance: the moderating effect of the competitive environment[J]. Journal of Business Venturing, 15（2）: 135-173

Zander U, Kogut B. 1995. Knowledge and the speed of the transfer and imitation of organizational capabilities: an empirical test[J]. Organization Science, 6（1）: 76-92

Zarraga C, Bonache J. 2003. Assessing the team environment for knowledge sharing: an empirical analysis[J]. International Journal of Human Resource Management, 14（7）: 1227-1245

Zenger T R, Lawrence B S. 1989. Organizational demography: the differential effects of age and tenure distributions on technical communication[J]. Academy of Management Journal, 32（2）: 353-376

Zheng S L, Li H P, Wu X B. 2013. Network resources and the innovation performance evidence from

Chinese manufacturing firms[J]. Management Decision, 51（6）: 1207-1224

Zhou J. 1998. Feedback valence, feedback style, task autonomy, and achievement orientation: interactive effects on creative performance[J]. Journal of Applied Psychology, 83（2）: 261

Zhou J, Oldham G R. 2001. Enhancing creative performance: effects of expected developmental assessment strategies and creative personality[J]. Journal of Creative Behavior, 35（3）: 151-167

Zhou J, Shin S J, Brass D J, et al. 2009. Social networks, personal values, and creativity: evidence for curvilinear and interaction effects[J]. Journal of Applied Psychology, 94（6）: 1544-1552

Zuboff S. 1988. In the Age of the Smart Machine: The Future of Work and Power[M]. New York: Basic Books

Zukin S, DiMaggio P. 1990. Structures of Capital: The Social Organization of the Economy[M]. New York: Cambridge University Press